W0039542

Charlie und der Traum von Freiheit

Claus Mikosch

Charlie und
der Traum von Freiheit

Eine Geschichte aus der Vogelperspektive

FREIBURG · BASEL · WIEN

MIX
Papier aus verantwor-
tungsvollen Quellen
FSC® C083411

1. Auflage 2015

© Verlag Herder GmbH, Freiburg im Breisgau 2015
Alle Rechte vorbehalten
www.herder.de

Einbandgestaltung: Christina Krutz Design
Einbandmotiv: © Gert Albrecht
Vignetten im Innenteil: Inna Ogando/shutterstock.com

Satz: Arnold & Domnick, Leipzig
Herstellung: CPI books GmbH, Leck

Printed in Germany

ISBN 978-3-451-31229-8

Inhalt

Das Tor zur Freiheit 7

Vogel und Mensch. 11

Alltag 17

Frischer Wind. 26

Wohngemeinschaft 40

Frühling 49

Schmerzen. 61

Balkongespräche. 75

Fliegen wie ein Vogel. 90

Auf der Suche nach Sicherheit 95

Die freie Wahl 106

Loslassen 119

Gibt es Sicherheit ohne Festhalten?
Gibt es Freiheit ohne Loslassen?

Das Geheimnis von Glück ist Freiheit.
Das Geheimnis von Freiheit ist Mut.
Thukydides

Um zur Freiheit zu gelangen, muss der Mensch lernen,
ohne die Fesseln der Zeit auf das Leben
zu schauen.
Krishnamurti

Das Tor zur Freiheit

Dunkle Wolken zogen auf und verdeckten die friedliche Abendsonne. Der Wind war aus seinem Tiefschlaf erwacht, Staub wirbelte umher und die Blätter an den Bäumen raschelten im Kollektiv. Die Luft roch bereits nach Regen und in der Ferne grollte der Donner. Es war der letzte Sommertag – ungeduldig rauschte der Herbst heran.

Charlie saß auf dem Balkon und beobachtete den aufziehenden Sturm mit einer Mischung aus Vorfreude und Unbehagen. Er liebte Stürme, sie hatten etwas Magisches und Leidenschaftliches. Außerdem waren sie reinigend und erfrischend – und wahnsinnig aufregend! Gleichzeitig machten sie ihm aber auch Angst. Sie waren mächtig und oft zerstörerisch, rollten über Land und Wasser wie gewaltige Wellen, scheinbar völlig außer Kontrolle. Niemand wusste, was ein Sturm vorhatte. Er war ein selbstständiges Wesen, lebendig und frei, wild und unberechenbar.

Während das Donnern immer näher kam, ließ Charlie seinen Blick über den Horizont gleiten. Dort, wo die schwarze Wolkendecke noch nicht angekommen war, sah er einen großen Schwarm Vögel gen Süden fliegen. Sie hatten anscheinend weder Lust auf das Gewitter noch auf den Herbst. Wie wundervoll es sein musste, dachte er sich, wenn man immer dem Sommer hinterherfliegen konnte. Charlie begann zu träumen: Neue Landschaften entdecken ... kein Winter ... keine Gitterstäbe ...

Ein greller Blitz raste Richtung Erde, kurz darauf gab es einen lauten Knall. Charlie zuckte zusammen! Die Atmosphäre tobte, der Sturm war nur noch wenige Minuten entfernt – allmählich wurde es draußen richtig ungemütlich! Vielleicht war es doch nicht so schlecht, sicher in einem Käfig zu sitzen. Was würden wohl die frei fliegenden Vögel machen, wenn die dunklen Wolken sie einholen würden? Hoch oben am Himmel, ohne Dach über dem Kopf, völlig ungeschützt den Elementen ausgesetzt. Er mochte gar nicht daran denken. Ihr nomadisches Leben war zwar bewundernswert, aber es erschien ihm auch schrecklich gefährlich. Keine feste Heimat, viel Risiko und ständig ein Gefühl von Ungewissheit – hatte Freiheit wirklich einen so hohen Preis?

Eine starke Windböe fegte über den Balkon. Dann noch eine und noch eine. Die Schmetterlingspalme in der Ecke des Balkons schwankte wie ein Boot in Seenot unruhig hin und her. Bei der nächsten Böe gab sie schließlich nach und kippte mitsamt Blumentopf um. Der obere Teil der Palme krachte dabei in den Vogelkäfig. Charlie erschrak so heftig, dass er fast von seiner Holzstange gefallen wäre. Mit hochstehenden Kopffedern starrte er auf die Palmenblätter. Langsam rutschten sie die Vorderseite des Käfigs entlang und landeten dann auf dem gefliesten Boden. Nur gut, dass es kein großer Baum gewesen war! Er wollte gerade erleichtert aufatmen, da folgte ein weiterer Windstoß und mit ihm ertönte ein ungewöhnliches, leises Quietschen. Charlie wandte seinen Blick von der umgefallenen Palme ab, schaute nach vorne und traute seinen Augen nicht: Die Käfigtür stand sperrangelweit offen!

Eines der Palmenblätter hatte sich in den Gitterstäben verfangen und beim Umkippen der Pflanze war dadurch der Verschluss des Käfigs ausgehebelt worden. Der Wind hatte dann den Rest erledigt. Charlie blickte sich vorsichtig um – es war niemand da. Nur er selbst, der Sturm und die offene Tür.

Noch vor wenigen Minuten hatte er von einem Leben ohne Gitterstäbe geträumt, kurz darauf hatten sie sich wie ein Geist in nichts aufgelöst. Die Gelegenheit war da – alles, was er tun musste, war, der Sicherheit den Rücken zuzukehren und loszufliegen. Sein Herz begann, wild zu pochen. ‚Was mache ich denn nun?'

Da war sie also: die Freiheit, zum Greifen nahe. Aber war er überhaupt bereit dafür? War er in der Lage, so schnell eine solche Entscheidung zu treffen? Am liebsten hätte er sich verkrochen, um in Ruhe seine Möglichkeiten abzuwägen, doch so viel Zeit hatte er nicht. Bald würde sein Besitzer nach Hause kommen und spätestens dann war die Tür wieder zu. Jetzt war der Moment, sich zu entscheiden!

Charlie dachte angestrengt nach. Vielleicht gab es ja einen Mittelweg? Was, wenn er nicht gänzlich wegfliegen würde? Er könnte doch eine kleine Runde drehen und ausprobieren, wie es sich anfühlt, frei zu sein. Selbst wenn es nur für einige Augenblicke wäre. Wenn es ihm nicht gefallen sollte, könnte er ja sofort wieder in sein sicheres Haus zurückkehren. Einen Versuch war es wert! Ganz langsam näherte er sich dem Käfigausgang und steckte den Kopf hinaus. Zwei kleine Schritte und ein Flügelschlag fehlten, um die Bühne der großen freien Welt zu betreten. Er atmete einmal tief durch. Eins, zwei ... zweieinhalb ... Dann krachte es plötzlich und das Echo eines mordsmäßigen Donners hallte über den Balkon. Erschrocken sprang Charlie zurück.

Sofort kamen Zweifel auf: Wollte er wirklich ungeschützt da draußen sein? Ganz alleine? Und was, wenn er sich verflog und nicht mehr zurückfinden würde? Wo sollte er dann etwas zu essen herbekommen? Wo sollte er schlafen? Außerdem konnte es jeden Moment zu regnen anfangen. Was dann? Er zögerte. Der nahegelegene Wald war in Sichtweite, bis dahin sollte er es doch schaffen und irgendein Schlupfloch würde er bestimmt auch finden. Aber sollte, hätte, würde – das Problem war, dass er nicht die leiseste Ahnung hatte, wie man in freier Natur überlebte. Er war sich noch nicht einmal sicher, ob er noch fliegen konnte. Und wenn dann die böse Nachbarskatze in der Nähe wäre, was dann? Freiheit hin oder her, sterben wollte er noch nicht.

Regungslos verharrte er auf seiner Stange. Charlie hatte Angst – Angst davor, den Schritt ins Unbekannte zu wagen. Doch seine Angst war nicht der eigentliche Grund, warum er diesen Schritt nicht machte. Schließlich gab es etwas, das viel stärker war als Angst, etwas, das einem helfen konnte, jegliches Gefühl der Furcht zu überwinden. Alle Vögel und alle Menschen besitzen dieses etwas, oft wissen sie es nur nicht. Manchmal wollen sie es auch nicht wissen.

Was ihm an diesem Tag fehlte, war der nötige Mut, um frei zu sein.

Es blitzte und donnerte noch einige Male, dann setzte der Regen ein. Charlie hörte, wie jemand in die Wohnung kam und direkt zum Balkon eilte. Anstatt die letzte Chance zu ergreifen und seine Flügel zu benutzen, blieb er wie angewurzelt sitzen. Kurz darauf war die Käfigtür wieder verschlossen.

Vogel und Mensch

Charlie war ein Nymphensittich – ein kleiner, sympathischer Papagei. Er hatte weiß-graue Federn, einen gelben Kopf, orange Ohren und circa zwanzig Gramm Übergewicht. Von Natur aus war er neugierig und lebensfroh; gleichzeitig war er schüchtern und äußerst vorsichtig. Es war eine etwas ungünstige Kombination: Während sein Herz die Welt entdecken wollte, traute sich sein Verstand noch nicht einmal vor die eigene Haustür. Statt also frei um den Erdball zu fliegen, widmete er seine Zeit in erster Linie einer anderen Leidenschaft: dem Essen. Folglich sein Gewichtsproblem.

Wenn er nicht gerade an Kolbenhirse herumknabberte oder Sonnenblumenkerne zerhackte, saß er bewegungslos auf seiner Holzstange und schaute nach draußen. Stundenlang beobachtete er den Himmel – die Wolken, Regentropfen und Farbenspiele, die Sonnenauf- und -untergänge. Manche Leute hatten keine Zeit mehr, unbekümmert in den Himmel zu schauen, für sie war es ein fast unbezahlbarer Luxus geworden. Für Charlie war es Alltag.

Manchmal blickte er voller Sehnsucht den frei fliegenden Vögeln hinterher und begann, sich vorzustellen, wie sein eigenes Leben sein könnte. Nymphensittiche sind geborene Nomaden und durchstreifen riesige Gebiete. Sie brauchen viel Platz, um sich frei entfalten zu können. Charlie hingegen lebte in einem Käfig, der einem Vogel genau so viel Raum gab, wie vier kleine Wände einem Menschen: genug zum Überleben, aber zu wenig, um sich artgerecht bewegen zu können. Wenn man die ganze Sache positiv betrachtete, war sein Käfig ein Haus, das ihm Schutz vor der Wildnis bot; aus einer anderen Perspektive gesehen war es aber ein Gefängnis, das ihm den Zugang zur Freiheit versperrte.

Er fühlte sich sicher in seinem Käfig, doch war er auch glücklich? Manchmal ja. Zum Beispiel, wenn ein Regenbogen am Himmel auftauchte oder wenn eine neue Hirsestange durch das Gitter geschoben wurde. Fühlte er sich richtig lebendig? Eher selten. Und frei? Fühlte er sich jemals frei wie ein Vogel? Nein, leider nie.

Es ist natürlich schwierig, sich frei zu fühlen, wenn man eingesperrt ist. Aber es gab noch ein ganz anderes Problem: Wenn die Sicherheit lockt, wenn man ein Dach über dem Kopf hat und reichlich Essen bekommt, dann ignoriert man gerne die Nachteile von einem Leben in Gefangenschaft – selbst in Momenten, wenn die Tür zur Freiheit offen steht. Oder vielleicht gerade dann.

Sein Käfig war ungefähr so groß wie ein Wäschekorb und stand hochkant auf einem kleinen Tisch. Die Gitterstäbe waren weiß, der Plastikboden schwarz. Der Käfig hatte vier Ecken, ein gewölbtes Dach und zwei Sitzstangen. Die eine war auf halber Höhe rechts neben der Tür angebracht, die andere etwas weiter oben links – er konnte somit von einer Stange zur anderen hin und her springen. Ein Futternapf und eine kleine Wassertränke befanden sich ganz unten im Käfig, der Boden war mit Sand ausgestreut. Ach ja, einen Spiegel gab es auch, in der Ecke neben der Wassertränke. Anfangs hatte Charlie noch verzweifelt versucht, mit seinem Spiegelbild ein Gespräch anzufangen. Doch da er nie eine Antwort bekommen hatte, hatte er irgendwann das Interesse verloren. Seitdem rostete der Spiegel still und leise vor sich hin.

Im Sommer stand der Käfig meistens draußen auf dem Balkon, den Rest des Jahres über residierte er im Wohnzimmer, direkt neben dem großen Fenster. Wohnzimmer und Balkon waren Teil einer Zweizimmerwohnung, die sich im ersten Stock in einer modernen Wohnanlage befand. Die Wohnanlage wiederum lag am Rande einer großen Stadt, ziemlich genau in der Mitte von Europa. Es war eine Eigentumswohnung. Der Besitzer: Herr Thomas.

Herr Thomas war Ende dreißig und von Beruf Beamter. Er arbeitete beim Einwohnermeldeamt, von morgens halb acht bis nachmittags um halb vier, montags bis freitags. Seine Hauptaufgabe war, anderen Menschen zu helfen, einen Reisepass zu bekommen. Meistens hatte er es dabei mit fröhlichen Gesichtern zu tun, denn die Menschen freuten sich darauf, neue Länder zu entdecken. Es gab aber auch Ausnahmen, zum Beispiel einige schwer beschäftigte Geschäftsleute: Sie hatten so wenig Zeit, dass sie beim Gedanken an die ferne Welt doch tatsächlich schlechte Laune bekamen.

Das Leben als Beamter hatte viele Vorteile. Herr Thomas brauchte sich zum Beispiel keine Sorgen zu machen, ob er in Zukunft Arbeit haben würde – solange der Staat nicht pleiteging, war sein Job sicher. Das monatliche Gehalt wurde ihm fast immer pünktlich überwiesen, Stress gab es nur ganz wenig und Überstunden gar nicht. Abseits der Arbeit machte er viel Sport, las spannende Bücher und ging regelmäßig ins Kino und auf Konzerte. Eigentlich hatte er alles, was wünschenswert war: einen festen Job, eine Wohnung, Zeit für Hobbys, sogar ein schickes Auto und eine Lebensversicherung. Trotzdem wirkte er oft unzufrieden, manchmal sah er sogar traurig aus.

Die Persönlichkeit von Herrn Thomas hatte eine gewisse Ähnlichkeit mit der seines Vogels: Auch er war neugierig und zugleich schüchtern. Ein stiller Beobachter, der lieber anderen bei ihren Abenteuern zuschaute als selber ein Risiko einzugehen. Er hatte noch nicht einmal einen Reisepass – obwohl er direkt an der Quelle saß!

Physisch gesehen hätten die beiden jedoch kaum verschiedener sein können: Charlie war pummelig, Herr Thomas schlank; der eine hatte prächtige Kopffedern, der andere eine Halbglatze. Flügel und Krallen, Hände und Beine – der kleine Vogel und der große Mensch.

Herr Thomas hatte nie vorgehabt, ein Haustier zu besitzen; Charlie hatte nie eins sein wollen. Und dennoch war es genau so gekommen: Herr Thomas besaß das Haustier Charlie. Aber warum überhaupt?

Wie so oft im Leben von Männern war eine Frau Teil der Ursache oder in diesem Fall vielmehr die Abwesenheit einer Frau. Fast zehn Jahre lang war Herr Thomas in einer festen Beziehung gewesen. Kurz vor der Hochzeit hatte er jedoch einen kleinen Blackout gehabt und – ganz untypisch für einen schüchternen Menschen wie ihn – seine damalige Verlobte durch einen Seitensprung so sehr verärgert, dass sowohl die Hochzeit als auch die Beziehung umgehend annulliert worden waren. Nach diesem Debakel war er keine weitere Partnerschaft eingegangen. Seine Schwester war die einzige Frau, die noch regelmäßig zu Besuch kam. Irgendwann hatte sie begonnen, sich ernsthafte Sorgen um das Wohlergehen ihres Bruders zu machen. ‚Der arme Kerl, immer ist er ganz allein zu Hause.' Also war sie losgezogen, um ihm ein Haustier zu kaufen. Herr Thomas hatte seine Schwester für völlig bescheuert erklärt, doch er hatte sich nicht gewehrt.

Charlie hatte zu jener Zeit bei einem Züchter gelebt. Zusammen mit seinen Eltern, seinen Geschwistern und vielen anderen Nymphensittichen hatte er in einer großen Voliere gewohnt – ein

Käfig, der so viel Platz bot, dass die Vögel darin fliegen konnten. Wirklich frei war er damals zwar auch nicht gewesen, aber wenigstens hatte er sich in guter Gesellschaft befunden. Dann war eines Tages die Schwester von Herrn Thomas in den Laden des Züchters spaziert. Ihr war eindringlich geraten worden, mindestens zwei Sittiche zu kaufen, denn alleine in Gefangenschaft zu leben war eine Qual. Geteiltes Leid ist halbes Leid – das gilt auch für Vögel! Aber Frau Thomas hatte Angst gehabt, dass zwei Vögel doppelt so viel Krach machen würden wie einer, und sie hatte ihren Bruder nicht überfordern wollen. Außerdem hätte sie dann einen größeren Käfig kaufen müssen, der wiederum gar nicht gut in die kleine Wohnung gepasst hätte. Also hatte sie darauf bestanden, nur einen Vogel mitzunehmen. In der großen Voliere waren fünfundzwanzig Nymphensittiche gewesen – zwölf Frauen und dreizehn Männer. Da normalerweise immer gegengeschlechtliche Paare gekauft wurden, hatte ein Mann dran glauben müssen. Als die Käfigtür aufging, hatte Charlie bereits nichts Gutes geahnt. Er hatte schnell wegfliegen wollen, doch die Hand des Züchters war schneller gewesen. Ein letzter verzweifelter Gruß an die Familie, dann war es ab in Einzelhaft gegangen.

Seit diesem Tag lebte Charlie bei Herrn Thomas. Meistens wurde er von ihm jedoch ignoriert, denn Herr Thomas war nicht daran interessiert, mit einem Vogel eine Beziehung aufzubauen. Obwohl sie viel Zeit im selben Raum verbrachten, lebten sie also nicht wirklich zusammen, sondern nebeneinander her. Vielleicht wäre es anders gewesen, wenn sie miteinander hätten reden können, doch keiner verstand die Sprache des anderen.

Charlie vermisste seine Familie und Freunde, aber ansonsten konnte er sich nicht beklagen. Er hatte genügend zu Essen und einen Platz zum Schlafen, er war nicht bedroht durch Feinde und auch nicht durch schlechtes Wetter. Viele andere Vögel in der Welt waren wesentlich ärmer dran. Und dennoch: Tief in seinem Herzen fühlte er, dass der Sinn des Lebens nicht allein darin bestand, alle denkbaren Gefahren zu vermeiden und komfortabel die Zeit abzusitzen.

Alltag

Am letzten Sommertag hatte Charlie die freie Wahl gehabt: durch die offene Tür fliegen und die große weite Welt kennenlernen oder auf Nummer sicher gehen und im Käfig bleiben. Er hatte sich für die Sicherheit entschieden. Nur weil jemand die freie Wahl hat, heißt das noch lange nicht, dass er die Freiheit wählt.

Jetzt war es Winter und er bereute seine Entscheidung. Nicht etwa, weil er bei den eisigen Temperaturen gerne draußen sein wollte. Freiwillig frieren? Ein Nymphensittich, der ursprünglich im tropischen Australien zu Hause war? Bestimmt nicht! Aber sein mutloser Auftritt hatte dazu geführt, dass er ein weiteres Stück Lebensfreude verloren hatte. Erst der Verlust seiner gesamten Familie, dann alleine in einem viel zu kleinen Käfig eingesperrt sein und schließlich auch noch die Erkenntnis, dass er ein feiger Vogel war – was sollte daraus anderes folgen als eine tiefe Depression? Er fühlte sich einsam und verloren, ohne Kraft und ohne Zuversicht; gefangen an einem Ort, an dem er nicht sein wollte. Außerdem verfluchte er das dunkle Dezemberwetter, denn es nahm ihm die letzte Hoffnung auf ein baldiges Lächeln.

Sein Leben war geprägt von Monotonie – jeder Tag schien eine exakte Wiederholung des vorherigen Tages zu sein. Vor allem in der kalten Jahreszeit, wenn sich alles drinnen abspielte. Das Ganze lief immer gleich ab: Morgens um sieben kam Herr Thomas ins Wohnzimmer, zog die Gardinen zur Seite, füllte die Wassertränke und den Futternapf neu auf und ging zur Arbeit. Die nächsten neun Stunden herrschte gähnende Leere in der Wohnung. Charlie begann jeden Tag mit einem ausgedehnten, aber recht eintönigen

Frühstück. Sobald es draußen hell wurde, verbrachte er eine Weile damit, den Himmel zu beobachten – je nach Wetter konnte das recht unterhaltsam sein oder aber verdammt langweilig. Gegen halb zehn machte er für gewöhnlich die Augen zu und schlummerte ein paar Stunden gedankenlos vor sich hin. Um zwölf widmete er sich erneut dem Essen und Trinken. Danach betrieb er etwas Körperpflege, indem er sich mithilfe seines Schnabels überall kratzte. Wenn er damit fertig war, kletterte er einige Male an den Käfigstangen hoch und runter und sprang zwischen den beiden Sitzstangen hin und her. Das war zwar viel zu wenig Bewegung, um sein Übergewicht zu reduzieren, aber immerhin besser als nichts. Es folgte eine weitere Ruhepause, dann wieder essen und trinken, den Himmel beobachten, noch mal kratzen, mehr essen, apathisch herumsitzen, wieder Himmel, wieder kratzen und schließlich gespannt auf den Höhepunkt des Tages warten: die Rückkehr von Herrn Thomas! Höhepunkt deshalb, weil Herr Thomas nach der Arbeit immer relativ gut gelaunt war und Charlie eine Hirsestange in den Käfig legte. Das war wie Kaffee und Kuchen, nur ohne Kaffee und anstatt Kuchen ein paar Samen zum Knabbern.

Anschließend ging es genauso weiter wie bereits zuvor: Wetter beobachten, eine Runde herumdösen, sich am Bauch kratzen, essen, trinken, Nichtstun. Ablenkungen von seinem tristen Dasein gab es fast keine und wenn, dann nur in der Form von Krach: Manchmal hörte er eine Bohrmaschine bei einem Nachbarn, ein paar schreiende Kinder, das Motorrad vom Hausmeister oder in der Ferne eine aufheulende Sirene. Die einzige positive Ausnahme war, wenn er eine Schüssel mit Wasser in den Käfig gestellt bekam, damit er baden konnte. Das machte ihm immer viel Spaß, passierte aber leider nicht sehr oft.

Abends lief meistens das Fernsehgerät – für Charlie bedeutete das noch mehr Lärm und ein Haufen greller Lichter, die sich viel zu schnell bewegten. Folglich war der Flimmerkasten für ihn mehr Ärgernis als Wohltat. Spätestens wenn es dunkel wurde, zog Herr Thomas die Gardinen zu und dann dauerte es nicht mehr lange, bis Stille einkehrte. Zeit, die Augen zu schließen und auf einen unterhaltsamen Traum zu hoffen – denn am Morgen wartete schon der nächste langweilige Tag. War es da verwunderlich, dass Charlie vor einigen Monaten aufgehört hatte zu singen?

Im Leben von Herrn Thomas gab es ebenfalls kaum Höhen und Tiefen; spannende Momente waren eine echte Seltenheit. Stattdessen hatte er etwas anderes im Übermaß: Stabilität! Der Beamtenstatus gab ihm finanzielle Sicherheit und die Eigentumswohnung garantierte, dass er immer ein Dach über dem Kopf hatte. Das mit der Hochzeit war zwar schiefgegangen, aber dafür hatte er jetzt ein Haustier. Viel wichtiger für seine emotionale Stabilität war ohnehin sein Ordnungstick: Er war immer tadellos angezogen und sein Kleiderschrank sah aus wie ein gerade neu eröffneter Modeladen. In der Küche hatte jede Tasse, jedes Kräuterglas und jeder Lappen seinen ganz bestimmten Platz. Nirgendwo in der Wohnung herrschte auch nur das geringste Durcheinander, nichts lag herum, alles war perfekt geordnet. Wenn ein Bild an der Wand leicht schief hing, bekam Herr Thomas sofort eine kleine Krise und sah sich gezwungen, augenblicklich das optische Ungleichgewicht zu korrigieren. Wenn ein Buch im Bücherregal auch nur einen halben Zentimeter aus der Reihe herausragte, wurde es sofort wieder zurechtgeschoben. Selbst das Fernsehgerät musste in einem bestimmten Winkel zur Wand stehen. Alles musste gerade sein, es war zum Verrücktwerden!

Mitte Dezember, ein nasskalter Samstagmorgen. Herr Thomas hatte es sich mit einem Buch auf dem Sofa gemütlich gemacht und Charlie starrte aus dem Fenster. Er beobachtete die Regentropfen, wie sie aus dem Nichts auftauchten und ohne Halt zu Boden fielen. Eine halbe Stunde verging, eine ganze Stunde, zwei Stunden. Dann wurde die Stille plötzlich unterbrochen: Es klingelte an der Tür. Herr Thomas blickte überrascht von seinem Buch auf und wartete. Es klingelte erneut, dieses Mal etwas länger. Wer konnte das sein? Neugierig stand er auf, ging mit leisen Schritten zur Wohnungstür und blickte vorsichtig durch das winzige Guckloch. Er sah einen Jungen und ein kleines Mädchen. Einen kurzen Moment zögerte er, dann öffnete er die Tür.

Ein mehlverschmiertes Gesicht sprang ihm entgegen.

„Huahh!"

Erschrocken machte Herr Thomas einen Satz zurück. Das mehlverschmierte Gesicht, der Junge und das Mädchen, sie alle begannen zu lachen.

„Tut mir leid, aber die Versuchung war einfach zu groß!"

Es war Herr Palowski, der Nachbar aus der zweiten Etage. Ein pensionierter Tierarzt, der leidenschaftlich gerne Unfug trieb.

„Ich bin gerade dabei, mit meinen beiden Enkeln einen leckeren Kuchen zu backen. Leider haben wir festgestellt, dass uns eine Vanillestange, Backpulver und zwei Eier fehlen. Sie könnten uns da nicht zufällig helfen?"

Herr Thomas starrte die drei an.

„Na, da ist ja jemand richtig gut vorbereitet ..." Er schüttelte verständnislos den Kopf. Ihm wäre so etwas nicht passiert. Doch dann lächelte er, trat einen Schritt zur Seite und winkte das Backteam wortlos herein.

Herr Palowski und die beiden Kinder betraten die Wohnung. Zusammen marschierten sie den Flur entlang und blieben vor der Küche stehen. Durch die offene Wohnzimmertür erblickte der Junge den Vogelkäfig.

„Ein Papagei! Opa, können wir uns den angucken?"

„Keine Ahnung! Das ist weder meine Wohnung noch mein Vogel."

Der Junge wandte sich zu Herrn Thomas und schaute ihn fragend an.

„Also streng genommen ist es kein Papagei, sondern ein Nymphensittich. Und eigentlich ist es auch kein Sittich, sondern ein Kakadu."

Herr Thomas bekam von allen dreien einen Blick, wie ihn nur ein Klugscheißer bekommen konnte. Wortlos nahm er die Reaktion zur Kenntnis, dann willigte er ein.

„Natürlich könnt ihr ihm hallo sagen. Er heißt Charlie."

Der Junge rannte sofort ins Wohnzimmer, seine Schwester hinterher. Die beiden Erwachsenen verschwanden in der Küche, um die fehlenden Backzutaten zu suchen.

Charlie hatte den unangekündigten Besuch aus der Ferne beobachtet. Zuerst war alles relativ ruhig gewesen, doch jetzt kamen die beiden Kinder plötzlich auf sein Haus zugestürmt. Er sprang auf die höhere Sitzstange und zog sich geschwind auf die hintere Seite zurück. Bewegungslos wartete er ab.

Der Junge war elf Jahre alt, seine Schwester war acht. Beide gingen ganz nah an den Käfig heran, als wollten sie ihn umzingeln.

„Charlie!", rief der Junge. „Charlie! Sag mal was!"

„Das ist doch ein Vogel, der kann nicht sprechen", bemerkte das Mädchen.

„Doch klar, die bunten Vögel können immer sprechen. Chaaaaarlie! Charlie, Charlie, Charlie!"

Der Junge ruckelte am ganzen Käfig. Charlie musste sich an den Gitterstäben festbeißen, um nicht von seiner Stange zu fallen.

„Hör auf, du machst ihm Angst!"

„Ach quatsch, Tiere haben keine Angst."

Wieder ruckelte er am Käfig.

„Charlie! Sag was!"

„Hör auf, sonst hol' ich Opa!", zischte das Mädchen.

Ihr Bruder zog die Hände zurück, streckte ihr aber die Zunge heraus. „Blöde Petze!"

Für einen Moment kehrte Ruhe ein. Charlie saß da wie festgefroren; mit weit aufgerissenen Augen und hochstehenden Kopffedern wartete er auf das nächste Erdbeben.

„Vielleicht ist er ja ein dummer Papagei und kann deswegen nicht sprechen."

„Du bist selber dumm", erwiderte seine Schwester. Mitleidig betrachtete sie den Vogel, der noch viel kleiner war als sie selbst.

„Der Arme, ihm ist bestimmt langweilig. Die ganze Zeit alleine im Käfig, das muss doch schrecklich sein!"

„Ist doch nur ein Vogel. Dem macht das nichts, wenn er alleine ist."

Sie verdrehte die Augen – ihr Bruder konnte manchmal ein richtiger Idiot sein! Vorsichtig ging sie noch ein Stück näher an die Gitterstäbe und sah Charlie direkt an.

„Ich verstehe dich. Ich hätte auch keine Lust, da drinnen zu leben", sagte sie leise.

Charlie entspannte sich etwas und betrachtete das freundliche Gesicht der kleinen Besucherin. Wenn sie alleine gekommen wäre, hätte er sich glatt näher herangetraut. Aber mit dem anderen Spinner – auf gar keinen Fall!

„Stell dir vor", sagte das Mädchen zu seinem Bruder, „sie würden dich in einen Käfig sperren. Das fändest du auch nicht lustig."

„Natürlich nicht. Aber ich bin ja auch kein Vogel."

„Na und? Vögel fliegen normalerweise frei durch die Luft. Glaubst du, die wollen im Käfig leben?"

Ihr Bruder zuckte gleichgültig mit den Achseln.

„Aber dafür hat Herr Thomas ein cooles Haustier."

„Ja, aber wofür denn? Nur zum Angucken! Und dafür macht er das Leben von dem Vogel kaputt."

„Stimmt doch gar nicht, der lebt doch noch."

„Aber er kann nicht fliegen!"

„Ach, ist doch egal."

„Du bist gemein!"

„Und du nervst!"

Der Junge wandte sich desinteressiert ab. Seine Schwester betrachtete unterdessen das eingesperrte Tier und wurde ganz traurig. Wie furchtbar es sein musste, gefangen zu sein und sich nicht frei bewegen zu können. Am liebsten hätte sie die Tür geöffnet und Charlie herausgelassen. Aber das traute sie sich nicht, Käfig und Vogel gehörten ja schließlich Herrn Thomas.

Plötzlich war ihr Bruder wieder da und steckte einen langen Bleistift durch die Gitterstäbe.

„Vielleicht spricht er, wenn ich ihn kitzle."

„Mensch, was soll das?" Sie schlug ihm den Bleistift aus der Hand. Wütend schubste er sie daraufhin so heftig, dass sie zu Boden fiel. „Lass mich in Ruhe! Ich kann machen, was ich will!"

Er bückte sich, um den Stift aufzuheben, doch wie so oft hatte er den Kampfgeist seiner Schwester unterschätzt: Mit lautem Geschrei stürzte sie sich auf ihn und zog ihm an den Haaren. Charlie blieb eingeschüchtert in seiner Ecke sitzen und beobachtete das Spektakel.

„Ooopaaa!", schrie der Junge.

Sekunden später kam der Großvater ins Wohnzimmer geeilt und riss die zwei Streithähne auseinander.

„Euch kann man aber auch keine fünf Minuten alleine lassen! Was ist denn jetzt schon wieder los?"

„Sie hat mir an den Haaren gezogen!"

„Und er wollte den Vogel aufspießen!"

„Uff ..." seufzte Herr Palowski. „Ihr seid ja noch schlimmer als ich! Na los, wir gehen. Ihr könnt euch oben weiterprügeln – sonst wird uns hier das nächste Mal nicht mehr die Tür aufgemacht."

Mit einem Augenzwinkern wandte er sich zu Herrn Thomas, der die Szene aus sicherer Entfernung verfolgte.

„Also, verabschiedet euch von dem Piepmatz."

„Tschüss Charlie!", sagte das Mädchen.

„Tschüss, dummer Vogel!", fügte der Junge hinzu.

„Er ist nicht dumm!"

„Ist er doch!"

„Nein!", schrie sie und zog ihrem Bruder wieder an den Haaren.

„Aua! Opa, guck mal!"

„Schluss jetzt!"

Herr Palowski schob seine Enkelkinder aus dem Zimmer. Mit den Backzutaten unter dem Arm bedankte er sich bei seinem Nachbarn, wünschte ihm ein schönes Wochenende und verschwand in Richtung Hausflur.

Kurz darauf herrschte wieder Stille in der Wohnung. Herr Thomas atmete einmal tief durch und wollte sich gerade setzen, da bemerkte er, dass der Käfig schief stand. Mit großer Sorgfalt rückte er ihn wieder gerade, dann schaute er zu seinem gefederten Mitbewohner.

„Tja, jetzt sind wir wieder alleine."

Und nicht nur der alte Mann und seine beiden Enkel waren weg – das Leben, mit dem sie den Raum gefüllt hatten, war ebenfalls verschwunden. Nachdenklich blieb Herr Thomas noch einen Moment stehen. Dann drehte er sich um, nahm sein Buch, ohne es aufzuschlagen, und ließ sich schwermütig in den Sessel fallen.

Charlie merkte, wie sich Melancholie im ganzen Raum ausbreitete. Herr Thomas wirkte niedergeschlagen und er tat ihm leid, doch was hätte er schon machen sollen? Er, ein deprimierter Vogel im Käfig! Schweigend drehte er sich also auch um und widmete sich wieder den Regentropfen, die wie dicke Tränen unaufhörlich die Fensterscheibe herunterkullerten.

Frischer Wind

Das Einzige, auf das man sich verlassen kann, ist der Wandel. Manchmal kommt er schnell, manchmal langsam; mal geschieht er freiwillig und mal erzwungen. Nur eines ist sicher: Nie bleibt er aus!

Charlie konnte vorläufig nichts an seiner Situation ändern – er war gefangen und hatte keine Möglichkeit, sich eigenständig aus seinem Käfig zu befreien. Als der stürmische Wind die Tür aufgestoßen hatte, hätte er fliehen können, doch er hatte die Chance ungenutzt vorbeiziehen lassen. Nun musste er darauf hoffen, dass sich irgendwann eine neue Gelegenheit bieten würde.

Er beneidete Herrn Thomas. ‚Wie schön es sein muss, nicht eingesperrt zu sein‘, dachte sich Charlie. Die Wohnung war zwar auch eine Art Käfig, aber Herr Thomas konnte die Tür jederzeit selbst öffnen und gehen, wohin er wollte. Er konnte sich völlig frei bewegen! Meistens blieb er jedoch auf dem ihm wohlbekannten Weg und fuhr im Kreis, immer rundherum auf ein und derselben Straße. Das war sicher, keine Frage, aber sehr aufregend war es nicht. Denn wie sollte ihn das Leben überraschen können, wenn er nicht bereit war, sich auch mal zu verfahren? Wie sollte er etwas Neues entdecken, wenn er sich an dem Alten festklammerte? Zum Glück kennt das Leben allerdings einige Tricks, um Menschen wie Herrn Thomas aus der Bahn zu werfen – und um Vögeln in Gefangenschaft etwas Hoffnung zu machen.

Es war Ende Januar, als Charlie bemerkte, dass Herr Thomas immer öfter bis spät abends ausblieb. Charlie hatte keine Ahnung, was das bedeuten konnte. Normalerweise verbrachte Herr Thomas die Abende daheim, höchstens ein oder zweimal im Monat war er länger fort. Seine häufige Abwesenheit war also sehr ungewöhnlich. Vielleicht hatte er auf einmal noch eine andere Wohnung? Oder einen anderen Vogel, um den er sich kümmern musste? Vielleicht besuchte er den alten Mann mit den Kindern? Oder vielleicht suchte er irgendetwas?

Eigentlich war es Charlie aber relativ egal, wo Herr Thomas war und was er machte. Wichtig war, dass er jeden Tag zurückkam, um den Fressnapf aufzufüllen. Natürlich war es schön, ab und an etwas Gesellschaft zu haben, aber ganz ehrlich: Wenn sich Herr Thomas im Wohnzimmer aufhielt, dann saß er sowieso nur auf dem Sofa und starrte entweder auf die flache Scheibe an der Wand oder auf ein Bündel Blätter in seiner Hand. Für Charlie war es also kein Unterschied, ob Herr Thomas physisch anwesend war oder nicht. Er war es gewohnt, alleine zu sein.

Was ihn hingegen sehr störte, war die Tatsache, dass er nun viel mehr Zeit im Dunkeln verbringen musste. Mitten im Winter ging die Sonne schon früh unter und somit gab es ohne Herrn Thomas spätestens um sechs Uhr kein Licht mehr im Zimmer. Beim Großteil der Inneneinrichtung war es auch nicht weiter schlimm, dass sie in der Dunkelheit verschwand: das blaue Sofa, daneben der kleine Tisch, der große Bildschirm an der einen und zwei Poster an der anderen Wand; weiße Gardinen und ein grauer Teppich, alles recht langweilig. Doch dann war da noch die geheimnisvolle Mauer ... Auf der anderen Seite des Raumes, genau gegenüber von seinem Käfig, stand ein riesiges Bücherregal – voll mit Geschichten, Wissen und Weisheit! Charlie konnte die Bücher zwar nicht lesen, doch wenn es draußen dunkel war und drinnen das gelbe Licht brannte und wenn Charlie dann den Blick langsam über die bunten Buchrücken gleiten ließ, dann dauerte es nicht lange und er fiel in eine tiefe Trance. Dann begann er, zu träumen, und fühlte sich auf seltsame und doch wundervolle Art und Weise mit der ganzen Welt verbunden. Als bildeten die Geister der Wörter eine unsichtbare Brücke hinaus in die Freiheit.

Ohne Licht funktionierte das mit der Trance aber leider nicht und daher beobachtete Charlie die zunehmende Abwesenheit von Herrn Thomas mit großer Sorge. Nach einigen Tagen passierte dann etwas noch Ungewöhnlicheres: Herr Thomas begann, abends fröhlich pfeifend nach Hause zu kommen. Das hatte er noch nie getan! Vielleicht hatte er etwas entdeckt, das ihn glücklich machte? Oder vielleicht war er krank? Vielleicht war er dabei, den Verstand zu verlieren?

Am ersten Dienstag im Februar war es dann soweit: Kurz nach Sonnenuntergang spazierte die Lösung des Rätsels an der Seite von Herrn Thomas ins Wohnzimmer.

„Charlie, darf ich vorstellen: Fräulein Sarah!"

Fräulein Sarah hatte grüne Augen, dunkelblonde Haare und ein glänzendes Silberstück in der Nase.

„Der ist ja putzig!"

Sie beugte sich herunter. Charlie wich sofort einige Schritte zurück.

„Keine Angst, ich tu dir nichts."

Aus sicherer Entfernung musterte Charlie die Unbekannte. Fräulein Sarah tat das Gleiche.

„Wie alt ist er?"

„Ich glaube, drei oder vier Jahre, genau kann ich dir das aber nicht sagen."

„Wie lange hast du ihn denn schon?"

„Knapp zwei Jahre."

Die Blicke von Vogel und Frau trafen sich. Für einen Moment war es still.

„Und du hältst ihn schon die ganze Zeit in diesem Käfig?"

„Wo soll ich ihn denn sonst hintun? In den Schrank?"

Fräulein Sarah drehte sich zu Herrn Thomas um.

„Also am besten würdest du überhaupt keine Vögel halten", gab sie in einem freundlichen, aber bestimmten Ton zurück. „Und wenn, dann doch nicht in so einem winzigen Käfig. Der arme Kerl kann sich ja gerade mal um die eigene Achse drehen."

„Jetzt übertreibst du aber!"

Fräulein Sarahs Gesicht nahm ernstere Züge an.

„Das ist ein Vogel – Vögel fliegen! Hast du ihn in diesem Käfig schon mal fliegen sehen?"

„Nein, aber wenn ich ihn fliegen sehen wollte, dann würde ich ihn nicht in einen Käfig sperren."

„Aha! Und wieso, wenn ich fragen darf, hast du dann einen eingesperrten Vogel in deinem Wohnzimmer sitzen?"

Herr Thomas zuckte mit den Achseln.

„Er war ein Geschenk."

„Ja und? Geschenk oder nicht, du könntest ihn doch freilassen, oder?"

„Könnte ich."

„Und wieso tust du es nicht?"

Fräulein Sarah blickte mitleidig zu Charlie.

„Irgendwie habe ich mich an ihn gewöhnt. Und außerdem würde er draußen sofort umkommen", erwiderte Herr Thomas.

„Warum?"

„Katzen, Autos, Kälte – da gibt's viele Möglichkeiten."

„Du kannst am Morgen aber auch von einem Auto überfahren werden."

„Das stimmt."

„Und kalt ist es hier im Sommer auch nicht."

„Ja, aber jetzt ist Winter."

Schweigend gab Fräulein Sarah Herrn Thomas recht. Mitten in der kalten Jahreszeit wäre es in der Tat glatter Mord, einen tropischen Vogel freizulassen. Sie blickte Charlie noch einmal in die Augen, dann erhob sie sich und lächelte Herrn Thomas an.

„Aber einen größeren Käfig könntest du doch kaufen, oder?"

„Einen größeren Käfig?"

„Komm schon! Für Charlie. Und für mich."

Sie zwinkerte ihm zu.

„Ich werde drüber nachdenken."

Fräulein Sarah grinste triumphierend, dann gab sie ihm einen Kuss und zusammen verließen beide den Raum.

Charlie hatte die ganze Zeit regungslos auf seiner Stange gesessen. Er hatte kein Wort verstanden, aber aus irgendeinem Grund war ihm Fräulein Sarah sympathisch.

Fräulein Sarah war Ende zwanzig und lebte in einem kleinen Zimmer im Haus ihrer Eltern, mitten in der Stadt. Sie hatte gerade ihr Studium beendet und jobbte nun in einer Bar, um Geld für eine große Reise zu sparen. Herrn Thomas war sie zum ersten Mal begegnet, als sie zu Beginn des Jahres einen Pass beantragt hatte. Wenige Tage später war er in ihre Bar gestolpert, rein zufällig natürlich, und war über Nacht zum Stammkunden geworden. Aus der flüchtigen Bekanntschaft hatte sich schnell eine Freundschaft entwickelt und mittlerweile waren die beiden ein Paar.

Am nächsten Morgen, kurz bevor er zur Arbeit musste, füllte

Herr Thomas den Futternapf auf und blieb anschließend noch einen Moment vor Charlie stehen.

„Vielleicht ist der Käfig wirklich etwas klein für dich. Ich werde mal sehen, was sich da machen lässt."

Hatte Herr Thomas auf einmal ein Herz für Tiere bekommen? Oder wollte er Pluspunkte bei Fräulein Sarah sammeln? So oder so – sein Vogel konnte sich berechtigte Hoffnung auf ein größeres Haus machen.

Charlie verbrachte den Tag mit der üblichen Routine – essen, aus dem Fenster schauen, Nichtstun, schlafen. Gerade als er spät am Nachmittag sein viertes Nickerchen halten wollte, hörte er, wie zwei Männer in die Wohnung traten. Es waren Herr Thomas und Herr Palowski. Zusammen trugen sie ein großes Paket.

„Hier ist gut", dirigierte Herr Thomas.

Sie stellten die Fracht neben den Sofatisch und rissen die braune Verpackung ab. Es war ein neuer Käfig!

Während Charlie sich noch fragte, was los war, ging auf einmal alles sehr schnell: Seine Käfigtür wurde aufgerissen, ein weißes Tuch raste auf ihn zu und fasste ihn. Dann wurde er durch die Luft geschleudert. Wenige Sekunden später wurde er sachte auf einen Plastikboden gesetzt, das Tuch flog weg und Charlie saß in dem neuen Käfig.

„Wow, das haben Sie wohl schon öfter gemacht!", stellte Herr Thomas beeindruckt fest.

„Ist eigentlich ganz einfach", erklärte Herr Palowski, während er die Käfigtür schloss, „man muss nur schnell zugreifen – so schnell, dass das Tier überrascht ist. Mit den Menschen funktioniert das übrigens genauso: Wenn sie nicht aufmerksam sind, lassen sie fast alles mit sich machen."

Es klingelte. Herr Thomas ging zur Tür und kam wenig später gemeinsam mit Fräulein Sarah zurück ins Wohnzimmer. Stolz präsentierte er ihr seinen Kauf.

„Überraschung!"

Herr Thomas, Fräulein Sarah und Herr Palowski standen alle vor dem neuen Käfig und begutachteten ihn. Charlie saß inzwischen drinnen auf der höchsten Stange und starrte nervös heraus. Er wollte gar nicht wissen, was wohl als Nächstes passieren würde.

„Darf ich etwas sagen?", fragte Fräulein Sarah vorsichtig.

„Stimmt was nicht?"

„Naja ... Also ich find's prima, dass du einen neuen Käfig für Charlie gekauft hast, aber der ist fast genau so schmal wie der alte."

„Dafür aber doppelt so hoch!"

„Ja, aber ... Seit wann fliegen Vögel denn senkrecht? Das sind doch keine Hubschrauber!"

Herr Thomas seufzte einmal laut. „Der kann doch eh nicht fliegen."

„Nein, aber wenn der Käfig so breit wäre wie er hoch ist, dann hätte er viel mehr Bewegungsfreiheit. Oder würdest du gerne in einem Turm leben?"

Herr Palowski ergriff das Wort: „Also ich muss der Dame recht geben – so ein hoher Käfig ist in der Tat nicht optimal. Charlie sieht das sicherlich auch so."

Herr Thomas befand sich klar in der Unterzahl.

„Gut, dann tausche ich ihn halt um", willigte er genervt ein. Als Gegenleistung bekam er von Fräulein Sarah ein Lächeln.

Charlie verharrte immer noch auf seiner Stange. Er hatte sich gerade etwas beruhigt, da wurde die Tür erneut aufgerissen und das weiße Tuch kam ihm entgegengeschossen, sogar noch schneller als beim letzten Mal. Bevor er schreien oder beißen oder sonstwie reagieren konnte, saß er auch schon wieder in seinem alten Käfig.

„Sie machen das wirklich gut, Herr Palowski."

„Ich habe 35 Jahre lang als Tierarzt gearbeitet – es wäre eine Schande, wenn ich das nicht gut machen würde!"

„Das stimmt."

„So, ich muss jetzt los, gleich habe ich meine erste Klavierstunde."

„Sie lernen in Ihrem Alter noch ein Instrument?", fragte Herr Thomas erstaunt.

„Selbstverständlich! Wenn nicht jetzt, wann dann? Musikmachen ist außerdem das beste Mittel, um jung zu bleiben!"

Mit diesen Worten verabschiedete sich Herr Palowski und verschwand im Hausflur. Herr Thomas und Fräulein Sarah räumten den Verpackungsmüll weg, trugen den neuen Käfig aus dem Zimmer und verließen kurz darauf ebenfalls die Wohnung.

Charlie blieb alleine zurück. Der ungewohnte Trubel hatte ihn ziemlich durcheinandergebracht, etwas Ruhe kam daher genau recht. Um seine Nerven zu stärken, verspeiste er den Rest der Hirsestange, die Herr Thomas am Vortag in den Käfig gehängt hatte. Während er die einzelnen Samen hastig zerhackte und herunterschluckte, fragte er sich, wozu der ganze Aufstand gemacht wurde. Erst einen Käfig anschleppen, den Vogel reinstecken, ihn dann zurück in seine alte Behausung befördern und schließlich den neuen Käfig wieder wegtragen – was sollte das? Und warum waren gleich drei Personen anwesend? Sehr merkwürdig. Es gab so viele Dinge, die die Menschen machten, die er einfach nicht verstand.

Als die Hirsestange aufgegessen war, kletterte Charlie auf die obere Sitzstange und schloss die Augen. Draußen war es bereits dunkel und da in der Wohnung kein einziges Licht brannte, dauerte es nicht lange und er war eingeschlafen.

Charlie begann zu träumen. Die Sterne funkelten, es war eine friedliche Nacht. Dann wurde es hell. Für eine Weile sah er anderen Vögeln beim Fliegen zu, wie sie unter freiem Himmel durch die Luft schwebten. Der Himmel war hellblau und wolkenlos, nur die Gitterstäbe vor seiner Nase störten das perfekte Panorama. Er wünschte sich so sehr, dass die Tür noch einmal aufgehen würde. ‚Nur einmal noch, bitte!' Und dann war sie auf einmal offen. Charlie gab einen Freudenschrei von sich, welch Glück! Er wollte direkt losfliegen, doch da krachte es. Dann noch mal und noch mal. Was zum Teufel war los? Er riss die Augen auf – draußen war es dunkel, aber durch die offene Zimmertür sah er Licht im Flur. Kurz darauf ging auch im Wohnzimmer das Licht an. Wieder krachte es.

„Pass auf!"

„Das Ding ist einfach verdammt unhandlich", schnaubte Fräulein Sarah.

„Das hättest du dir vorher überlegen sollen, du hast schließlich den größten ausgesucht!"

„Ist ja gut."

Herr Thomas kam rückwärts zur Tür herein, dann folgte ein riesiger Karton und an dessen anderem Ende erschien Fräulein Sarah. In der Mitte des Raumes hielten sie an, stellten die Ladung ab und entfernten die Verpackung.

„Na Charlie, was sagst du?"

Charlie sagte gar nichts. Er war verärgert, dass er aus seinem wunderschönen Traum geweckt worden war. Außerdem hatte er keine Lust, schon wieder ein blödes Spiel mitzumachen.

„Ob der überhaupt auf den Tisch passt?", überlegte Herr Thomas. „Der ist doch bestimmt doppelt so breit wie der alte." Er verließ den Raum und kam eine Minute später mit einem Maßband zurück. „Mal sehen ... Doch, der passt noch so gerade."

„Soll ich Herrn Palowski holen?", fragte Fräulein Sarah.

„Der ist doch beim Klavierunterricht."

„Und wie kriegen wir Charlie jetzt in den neuen Käfig?"

„Keine Ahnung. Vielleicht geht er ja freiwillig."

Charlie sah, wie Herr Thomas mit ausgebreiteten Armen auf ihn zukam. Er hatte gerade noch genug Zeit, sich an einem Gitterstab festzubeißen, bevor der Käfig in die Luft gehoben wurde und im Sinkflug gen Boden rauschte. Herr Thomas ließ ihn dort einen Moment stehen und stellte dann zusammen mit Fräulein Sarah den neuen Käfig auf den Tisch neben dem Fenster. Anschließend nahm Herr Thomas wieder Charlies Käfig hoch, machte die Türen von beiden Käfigen auf und hielt die Öffnungen aneinander.

„Und du meinst, das funktioniert?"

„Probieren kann ich's ja mal", sagte Herr Thomas mit zuversichtlicher Stimme.

Charlie klebte auf seiner Stange und starrte auf die offene Tür, die geradewegs in einen anderen Käfig führte. ‚Und jetzt?' Er traute der ganzen Sache nicht.

„Na los, geh schon rüber!", ermunterte ihn Fräulein Sarah.

Charlie machte aber nicht die geringsten Anzeichen, sich bewegen zu wollen. Mehrere Minuten vergingen.

„Der Käfig wird langsam etwas schwer. Ich glaube, das klappt so nicht."

Herr Thomas gab auf, schloss die Türen und stellte Charlie mitsamt Käfig wieder auf den Boden.

„Und wenn wir's so machen, wie Herr Palowski?", schlug Fräulein Sarah vor.

„Wir?"

„Na ja, ich kann den Käfig festhalten und du nimmst Charlie raus."

„Ich?"

„Ist doch dein Vogel, oder?"

Herr Thomas verdrehte die Augen. Einen schönen Mist hatte er sich da eingebrockt. Und nun? Vor Fräulein Sarah einen Rückzieher machen wegen eines kleinen Vogels?

„Also gut. Wo ist das Tuch?"

Charlie spürte, dass wieder etwas im Gange war. Etwas, das mit ihm zu tun hatte. Er verkroch sich auf die hintere Seite des Käfigs und wartete mit hochstehenden Kopffedern. Fräulein Sarah beugte sich zu ihm herunter.

„Einfach ruhig bleiben, Charlie, es passiert dir nichts."

Dann hob sie den Käfig hoch und stellte sich mit dem Rücken vor das Fenster, direkt neben den neuen Käfig. Herr Thomas kam mit einem weißen Tuch aus der Küche.

„Herr Palowski meinte, das Wichtigste sei, schnell zu sein. Also – fertig?"

„Fertig."

„Eins, zwei ... drei!"

Die Käfigtür sprang auf und das weiße Tuch kam Charlie entgegengeflogen. Er wollte nach hinten ausweichen, doch da waren die Gitterstäbe. Bevor er einen Satz zur Seite machen konnte, war er bereits vom Tuch umwickelt. Mit einem schnellen Ruck ging es nach draußen, dann blieb er plötzlich mitten in der Luft hängen.

„Die Tür! Mach die Tür auf, schnell!"

„Ich komm nicht dran!"

Obwohl er normalerweise in jeglicher Situation perfekt vorbereitet war, hatte Herr Thomas doch glatt vergessen, die Tür des neuen Käfigs aufzumachen. Fräulein Sarah hatte auch nicht daran gedacht und da sie zwischen dem alten Käfig und dem Fenster stand, konnte sie auf die Schnelle auch nicht helfen. Herr Thomas versuchte es selbst, doch mit der linken Hand war er nicht sonderlich geschickt und somit dauerte die Aktion viel länger als gewünscht.

Charlie merkte, dass etwas nicht in Ordnung war. Vor allem merkte er aber, dass die Hand von Herrn Thomas, die ihn mit dem Tuch festhielt, immer fester zudrückte. Er konnte kaum noch atmen und als der Druck noch etwas stärker wurde, fing er an, verzweifelt um sich zu hacken.

„Der will mich beißen!"

„Mach doch einfach die Tür auf!"

„Versuch ich ja. Jetzt ... Auaaa!"

Sofort saugte sich das Tuch mit Blut voll. Charlie hackte weiter um sein Leben, doch zum Glück war die Tür endlich offen und er wurde in seinen neuen Käfig geworfen. Die Landung war nicht unbedingt sanft, aber dafür bekam er wieder Luft.

„Der Drecksack hat mich gebissen!"

„Klar, wenn du mich fast erdrücken würdest, dann würde ich dich auch beißen. Der arme Vogel!"

„Wie, der arme Vogel? Und was ist mit meinem Finger?"

„Du wirst schon nicht dran sterben. Lass mal gucken."

Fräulein Sarah nahm vorsichtig das Tuch von seiner Hand und inspizierte die Wunde.

„So schlimm ist es doch gar nicht."

„Tut aber weh", erwiderte Herr Thomas leicht beleidigt.

„Warum hast du ihn denn nicht losgelassen?"

„Wie denn?"

„Na einfach loslassen. Weißt du nicht, wie das geht?"

„Sehr witzig! Dann wäre er womöglich noch entwischt und wir hätten ihn durchs ganze Zimmer jagen müssen."

„Ja und? Irgendwann wäre er schon wieder in den Käfig gegangen, spätestens wenn er Hunger gehabt hätte."

Fräulein Sarah nahm den schwer verletzten Herrn Thomas an die Hand und schleppte ihn ins Badezimmer, um die Wunde zu waschen.

Als die beiden den Raum verlassen hatten, atmete Charlie einige Male tief durch. So einen turbulenten Tag hatte er noch nie erlebt! Keine Frage, es war alles sehr aufregend gewesen, aber etwas weniger Chaos wäre auch in Ordnung gewesen. Und vor allem das Gefühl, fast zu ersticken – darauf würde er das nächste Mal gerne verzichten. Er musste allerdings zugeben, dass es einen schönen Nebeneffekt gab, wenn man so gerade eben dem Tode entkommen war: Man fühlte sich ein bisschen wie neugeboren!

Charlie hatte den Eindruck, dass er nicht noch einmal umziehen würde, zumindest nicht heute. Er begann, sich in seinem neuen Haus umzuschauen. Insgesamt gab es fünf Holzstangen, also drei mehr als vorher. Ein Spiegel fehlte zwar, aber den alten hatte er sowieso nie benutzt. Die Gitterstäbe glitzerten und alles war viel größer als vorher. Natürlich war er immer noch gefangen, denn egal ob niedrig oder hoch, egal ob schmal oder breit – ein Käfig war nun mal ein Käfig! Und trotzdem: Er war froh, dass sich etwas verändert hatte und dass er von nun an mehr Platz hatte. Von der einen Seite zur anderen war die Entfernung so groß, dass er vielleicht sogar seine Flügel benutzen konnte. Er kletterte auf die Sitzstange in der linken Ecke, um einen Probeflug zu machen. Für einen Moment zögerte er, doch dann ließ er sich einfach fallen und flog für genau eine Viertelsekunde durch die Luft. ‚Wow!‘, freute er sich, ‚das war verdammt kurz, aber auch verdammt gut!‘ Er drehte sich sofort um und wiederholte den kurzen Flug. Für sein Übergewicht war etwas Bewegung genau das Richtige und für seine Winterdepression ebenfalls.

Während Charlie hin- und herflog, kamen Herr Thomas und Fräulein Sarah ins Wohnzimmer zurück. „Guck mal, der neue Käfig scheint ihm zu gefallen!"

Herr Thomas atmete erleichtert auf. „Und, zufrieden?"

„Hm … Jetzt, wo er einen größeren Käfig hat, fehlt eigentlich noch etwas."

Sofort verschwand die Erleichterung aus dem Gesicht von Herrn Thomas und machte tiefen Sorgenfalten Platz. „Was denn?"

„Na, der arme Kerl ist doch immer alleine. Er braucht eine Freundin!"

Wohngemeinschaft

Eine sehr wichtige Voraussetzung, damit sich der Vogel wohl-fühlt, ist eine angemessene Käfiggröße."

Fräulein Sarah blickte hoch und betrachtete Charlie in seinem neuen Zuhause.

„Wer bestimmt denn, was angemessen ist?", fragte sie und drehte dabei ihren Kopf zu Herrn Thomas. „Ich bin mir sicher, dass ein Vogel am liebsten in Freiheit leben würde. Oder etwa nicht?"

Herr Thomas nickte stumm.

„Immerhin ist der neue Käfig viel größer als der alte." Sie las weiter. „In Australien leben Nymphensittiche in Schwärmen. Ein Schwarm ist wie eine große Familie, das heißt, ein Nymphensittich lebt zusammen mit seinen Eltern und Kindern, mit Onkel und Tanten, Nichten und Neffen, Cousins und Cousinen."

„Das kann aber auch sehr anstrengend sein, jeden Tag mit der ganzen Familie zu verbringen", merkte Herr Thomas an.

„Ja, aber Charlie hat noch nicht mal einen Freund!"

Stille. Fräulein Sarah suchte nach weiteren Textstellen, die Charlie helfen würden, einen Gefährten zu bekommen. „Hier: Ein wilder Nymphensittich ist in seinem ganzen Leben *nie* allein!"

Herr Thomas rutschte unruhig auf dem Sofa hin und her.

„Und das hier erst: Einzelhaltung ist eine Qual für Schwarm-tiere und kann zu Verhaltensstörungen führen."

Beide schauten Charlie an. Er saß apathisch auf seiner Stange und starrte aus dem Fenster.

„Siehst du, er hat gar keinen Spaß am Leben!"

Herr Thomas unterdrückte einen Seufzer. Er war nicht gerade begeistert von der Idee, zwei Vögel im Wohnzimmer zu haben.

„Aber wäre der Käfig dann nicht schon wieder zu klein, wenn wir da noch einen weiteren Vogel reinsetzen?"

„Das geht schon", erwiderte Fräulein Sarah zuversichtlich.

„Und machen zwei nicht viel zu viel Krach?"

„Glaube ich nicht. Außerdem bist du doch meistens sowieso nicht hier."

Herr Thomas kratzte sich am Hinterkopf und dachte angestrengt nach.

„Was ist denn, wenn die sich nicht vertragen. Das kann doch passieren, Menschen vertragen sich schließlich auch nicht immer."

„Wieso sollten die sich denn nicht vertragen? Sag mal, was hast du eigentlich gegen einen zweiten Vogel?"

„Ich weiß nicht ... Einer alleine macht nicht so viel Dreck und fällt halt einfach nicht so auf. Und überhaupt: Warum willst du jetzt noch einen weiteren Vogel in einen Käfig stecken? Hast du nicht gesagt, dass alle Vögel frei sein sollen?"

„Habe ich, ja. Aber du hast selbst gesagt, dass es im Winter zu kalt ist. Also ist es doch am besten, wenn wir ihr Leben etwas verschönern, bis wir sie freilassen können."

„Wer sagt denn, dass ich Charlie freilassen werde?"

Fräulein Sarah warf ihm einen bösen Blick zu.

„Gut, das sehen wir dann noch", versuchte Herr Thomas sie sofort zu besänftigen. „Aber wozu braucht er in der Zwischenzeit Gesellschaft? Ich habe doch bisher auch gut alleine gelebt."

„Und deswegen zwingst du deinen Vogel, ebenfalls alleine zu leben?", fragte Fräulein Sarah völlig empört.

„Nein ... also ja. Nein! Ich meine ..." Es hatte keinen Sinn, nach

Ausreden zu suchen. „Du hast ja recht", gab er schließlich nach. „Es wäre wohl in der Tat fair, wenn Charlie eine Freundin bekommt. Zumindest, solange ich auch eine habe." Er zwinkerte ihr zu.

„Prima!", freute sich Fräulein Sarah, „dann lass uns sofort losgehen, die Zoohandlung hat noch offen."

„Heute nicht mehr, ich bin echt müde. Außerdem hat mir neulich eine Kollegin von einem Typen erzählt, der Vögel in seinem Keller züchtet. Vielleicht finden wir ja dort jemanden für Charlie."

„Kellerzucht? Ist das nicht verboten?"

„Anscheinend nicht."

„Das ist ja schrecklich! Können wir dann nicht direkt zwei oder drei aufnehmen?"

„Wie bitte?"

„Na, wenn die im Keller leben, dann muss denen doch jemand helfen."

„Ja, aber nicht ich."

„Och, komm schon ..."

„Vergiss es!"

Eine Woche später spazierte Herr Thomas mit einem kleinen Schuhkarton unterm Arm ins Wohnzimmer und kam geradewegs in Charlies Richtung. Fräulein Sarah ging direkt dahinter – sie war mittlerweile fast jeden Tag da und wirkte an diesem Nachmittag sehr aufgebracht. Charlies Blick fiel sofort auf die drei länglichen Schlitze, die sich an der Vorderseite des Kartons befanden. Er fragte sich, was wohl hinter diesen Öffnungen sein mochte.

„Lass sie uns aus dem Karton nehmen, schnell!", drängelte Fräulein Sarah.

„Machen wir ja."

„Ich konnte gar nicht glauben, als der Züchter sie einfach dort

reingesteckt hatte. Was für ein Spinner! So ein Tierquäler!",
schimpfte sie.

„Irgendwie mussten wir sie aber hierher transportieren", stellte
Herr Thomas nüchtern fest.

„Aber doch nicht in so einer dunklen Schachtel! Du bewegst
dich doch auch nicht in einer winzigen Kiste von A nach B, oder?
Kaum Licht, kaum Luft, kaum Platz!"

„Ich nicht. Aber alle, die mit der U-Bahn fahren, sind eigentlich
in genau der gleichen Situation. Oder siehst du das anders?"

Fräulein Sarah zuckte mit den Achseln. Da gab es tatsächlich
keinen großen Unterschied. Nur den, dass die Menschen freiwillig
in diese dunklen Kisten stiegen.

Charlie beobachtete die beiden, wie sie sich genau vor seinem
Käfig in Stellung brachten. Langsam aber sicher wurde er nervös
und zog sich sicherheitshalber auf das hintere Ende seiner Stange
zurück. Die Käfigtür wurde geöffnet und die Schachtel ganz nah
darangehalten. Gebannt schaute er zu. Dann ging der Deckel auf
und mit einem Male schoss ein Vogel in den Käfig Charlie erschrak
und machte einen Satz zur Seite!

Der Vogel flatterte wild umher, von der einen Käfigseite auf die
andere. Charlie wusste überhaupt nicht, wie er reagieren sollte.
Hastig tapste er auf seiner Stange auf und ab und duckte sich jedes
Mal, wenn der Eindringling vorbeigesaust kam. Es dauerte eine geschlagene Minute, bis sich die Lage etwas beruhigte. Der neue Vogel hockte sich auf die gegenüberliegende Stange und starrte ihn
aufgeregt an.

„Wer bist du denn?", fragte Charlie völlig perplex.

„Ich bin Clara und du?"

„Ich heiße Charlie."

Clara war etwas kleiner als er und hatte ein knallrotes Federkostüm.

„Und was machst du hier, wenn ich fragen darf?"

„Keine Ahnung!"

Er warf ihr einen misstrauischen Blick zu. „Wo kommst du denn her?"

„Von zu Hause. Das war's aber nicht so schön." Sie schaute sich staunend um. „Wow! Gibt's hier immer so viel Licht?" Für jemanden, der in einem Schuhkarton aus einem dunklen Keller angereist war, war die Helligkeit in der ersten Etage schlicht überwältigend.

„Tagsüber ja", antwortete er. „Und abends wird meistens das gelbe Licht angemacht, zumindest für ein paar Stunden. Manchmal aber auch nicht, dann ist es früh dunkel ..."

Clara hatte ihren Kopf zum Fenster gedreht und hörte schon längst nicht mehr zu. „Was ist denn das Blaue da draußen?" Charlie folgte ihrem Blick. „Ich sehe nichts Blaues."

„Bist du blind? Das Große da, das aussieht wie eine Wand."

„Du meinst den Himmel?", fragte Charlie verdutzt. Er konnte gar nicht glauben, dass es einen Vogel gab, der noch nie den Himmel gesehen hatte.

„Wofür gibt's den denn, diesen Himmel?"

„Keine Ahnung. Er ist einfach da. Wie ein großer Käfig, nur ohne Gitterstäbe."

„Echt? So was gibt's?" Clara war ganz begeistert von ihrer Entdeckung. „Und die weißen Flecken? Die bewegen sich ja sogar!"

„Das sind Wolken. Die gleiten am Himmel entlang."

„Einfach so? Wow! Das würde ich auch mal gerne machen."

„Tja, solange wir hier drin sind, kannst du das vergessen",

musste er sie enttäuschen. „Aber es gibt Vögel, die leben da draußen. Manchmal sieht man sie am Fenster vorbeifliegen."

Clara starrte in Richtung Horizont. Mit ihren weit aufgerissenen Augen wirkte es, als wäre sie geistig gar nicht mehr anwesend – der Himmel hatte sie in seinen Bann gezogen! Charlie sah ihr zu und ließ sie in Ruhe, denn er wusste, wie schön es war, wenn man träumend durch die freie Welt reiste.

„Und was gibt's hier zu essen?"

„Bunte Körner. Und manchmal Hirsestangen, die sind besonders lecker."

„Darf ich die auch mal probieren?"

„Na klar!" Charlie hätte die Hirsestangen zwar auch gerne für sich alleine behalten, aber für ihn war es selbstverständlich zu teilen.

„Und wann geht das Licht aus?", fuhr Clara fort.

„Wenn die Sonne untergeht."

„Sonne?"

„Genau. So ein Lichtball, der den halben Tag oben am Himmel steht."

„Wow!", staunte Clara, die in ihrem bisherigen Leben ja nur dunkle Kellerwände gesehen hatte.

„Oft versteckt sich die Sonne aber auch hinter den Wolken", fügte Charlie hinzu.

„Und dann?"

„Wie und dann?"

„Ist es dann dunkel?"

„Nein."

„Warum nicht?"

„Warum sollte es dann dunkel sein, die Sonne ist doch noch da. Der Himmel ist dann einfach grau statt blau."

Clara ließ ihren Blick durchs Zimmer wandern. „Und die schwarze Kiste da?"

„Davor sitzen die Menschen oft."

„Warum denn?"

„Weiß ich nicht. Sie sitzen da einfach."

„Und wie lange?"

„Das ist verschieden. Früher, als der Mann immer alleine war, da saß er ständig davor. Seit die Frau öfter hier ist, gibt es auch Tage, da sitzen sie gar nicht vor der Kiste."

Clara musterte die beiden federlosen Wesen, die noch immer im Raum standen.

„Welches ist die Frau?"

„Die kleine."

„Und der Mann?"

„Na der andere, der große."

„Und warum glänzt der Kopf von dem so?"

„Keine Ahnung!"

Charlie fragte sich, ob Clara wohl immer so viele Fragen stellte. Dann bemerkte er plötzlich, dass die beiden Menschen näher an den Käfig herangekommen waren. Leicht besorgt schaute er sie an.

„Jetzt hast du endlich jemanden, der immer bei dir ist", sagte Fräulein Sarah, nachdem sie eine Weile das neue Paar beobachtet hatte. Ohne ihren Blick vom Käfig zu wenden, wandte sie sich an Herrn Thomas.

„Was meinst du, was Charlie denkt?"

„Ehrlich gesagt, glaube ich nicht, dass Vögel denken."

„Echt nicht? Meinst du, die vegetieren einfach so vor sich hin?"

„Das vielleicht nicht. Aber ich bezweifle, dass es in ihrem Kopf so aussieht wie bei uns."

„Aber genau weißt du das nicht", konterte Fräulein Sarah sofort. „Stell dir vor, die denken tatsächlich so wie wir!"

Ihr Gegenüber zog skeptisch die Augenbrauen zusammen. „Das ist einfach sehr unwahrscheinlich."

„Ist doch egal, du sollst es dir doch nur vorstellen. Also: Was meinst du, was Charlie gerade denkt?"

Herr Thomas zögerte einen Moment. „Er denkt bestimmt, dass die beiden Menschen doch bitte den Raum verlassen mögen, damit er ungestört mit der Dame zusammen sein kann." Dann nahm er Fräulein Sarah am Arm und zog sie in Richtung Tür.

„Aber ..."

„Nichts aber! Die Vögel wollen ihre Ruhe haben!"

Ein Tag verging, dann zwei, dann drei und schließlich eine ganze Woche. Es gab keinerlei Anzeichen, dass Clara den Schnabel halten würde. Nach und nach wurden ihre Fragen zwar weniger, aber das bedeutete nicht, dass sie weniger redete. Im Gegenteil: Wenn sie merkte, dass Charlie ihr nicht zuhörte, führte sie einfach Selbstgespräche oder trillerte laut vor sich hin. Manchmal redete sie sogar im Schlaf!

Charlie hatte sich die letzten Jahre an die Stille seiner Einsamkeit gewöhnt und hätte am liebsten eine etwas ruhigere Mitbewohnerin bekommen. Doch er konnte daran natürlich nichts ändern und außerdem war er froh, dass überhaupt jemand bei ihm eingezogen war.

Da die beiden Vögel von nun an ständig zusammen waren, fingen sie an, viele Dinge gemeinsam zu machen: Sie verspeisten die Hirsestangen zusammen, kletterten um die Wette und kratzten sich gegenseitig an Körperstellen, an die sie selbst nicht herankamen. Manchmal erzählten sie sich auch selbst ausgedachte Geschichten. Clara schweifte dabei oft in lange Romane ab, die für Charlie ein perfektes Einschlafmittel waren. Einmal diskutierten sie ausgiebig über einen ganz seltsamen Vogel, den sie weit oben am Himmel gesehen hatten. Er war die ganze Zeit geradeaus geflogen und hatte eine lange Wolke als Spur hinterlassen. Ein anderes Mal verbrachten sie stundenlang dicht aneinander gekuschelt, weil im Wohnzimmer die Heizung ausgefallen war. Ab und zu kuschelten sie sogar, wenn die Heizung normal funktionierte.

Natürlich gab es auch kleinere Streitereien. Wenn zum Beispiel Fräulein Sarah eine Sepiaschale in den Käfig legte, dann stürzten sich beide Vögel sofort auf die weiße Kostbarkeit, die sie so wunderbar mit dem Schnabel zerhacken konnten. Es war ein herrlicher Zeitvertreib! Beide versuchten, den anderen wegzudrängen, und nicht selten kam es dabei zu lauten Auseinandersetzungen. Manchmal stritten sie auch darüber, wer mehr von der Hirsestange gegessen hatte oder wer den letzten Schluck Wasser getrunken hatte. Oft waren es nur lächerliche Kleinigkeiten, aber wenn man zu zweit in einem sehr begrenzten Raum lebt, können Kleinigkeiten schnell zu großen Herausforderungen werden.

Meistens verlief das Zusammenleben mit Clara allerdings friedlich. Charlie tolerierte ihre Redeattacken, so gut es ging. Im Gegenzug musste er nicht mehr alleine sein. Es war schön, Zeit miteinander zu verbringen. Doch mit oder ohne Gesellschaft – eine Sache blieb unverändert: Er war immer noch in einem Käfig eingesperrt!

Frühling

Eine Reise ohne Rückflugticket – das ist Freiheit pur!" Fräulein Sarah geriet ins Schwärmen. „Du kannst hin, wohin du willst! So lange du willst und mit wem du willst. Wann du willst! Du kannst völlig im Moment leben – ohne Pläne, ohne Routine und ohne Termine. Einfach sein!"

Es war Anfang April, die Zeit flog dahin. Herr Thomas und Fräulein Sarah sahen sich mittlerweile fast jeden Tag und genossen ihre gemeinsamen Stunden. Dabei waren sie eigentlich sehr verschieden: Er war zurückhaltend, sie war kontaktfreudig; der seriöse Beamte auf der einen und die lustige Kellnerin auf der anderen Seite. Er hielt Ordnung, sie hinterließ Chaos. Fleischliebhaber und Vegetarierin; Frühaufsteher und Langschläferin. Hinzu kam, dass Herr Thomas über zehn Jahre älter war als sie. Und dennoch: Sie ergänzten sich hervorragend und hatten viel Spaß miteinander. Sie waren verliebt – wen stören da schon einige Unterschiede?

Kaffee und Kuchen standen auf dem Tisch, draußen schien die Sonne. Herr Thomas hatte seiner Freundin gerade vorgeschlagen, gemeinsam in Urlaub zu fahren. Fräulein Sarah hatte sich über die Idee sehr gefreut, doch sie hatte für Urlaub keine Zeit. Sie musste arbeiten, um für ihre große Reise zu sparen. Dann war ihr jedoch spontan die Lösung eingefallen: ‚Komm doch mit!', hatte sie gesagt. Nach dem Sommer sollte es losgehen, nur mit Rucksack und Reisepass. Ende offen.

„Gibt's denn Freiheit nicht auch mit Rückflugticket?"

„Wie soll das denn gehen?", wunderte sich Fräulein Sarah. „Du kannst doch nicht loslassen und gleichzeitig festhalten."

„Ich will mich von meinem jetzigen Zuhause aber gar nicht ganz trennen."

„Du kannst ja irgendwann wieder zurückkommen. Aber wenn du die Rückkehr planst, bevor du losgefahren bist, dann lebst du viel zu sehr in der Zukunft. Und je weiter du von der Gegenwart weg bist, desto weniger frei bist du."

Herr Thomas sah sie mit großen Augen an. „Seit wann bist du denn so philosophisch?"

Sie streckte ihm die Zunge heraus. „Ist aber doch so. Wie kannst du im Jetzt leben, wenn du dich mit einem Rückflugticket beschäftigst? Und außerdem: Woher willst du wissen, wo du in drei Monaten sein wirst? Von wo willst du zurückfliegen?"

„Du willst drei Monate bleiben?"

„Klar. Oder sechs. Oder zehn oder zwölf oder zwei Jahre. Ich will einfach keine Beschränkung haben!" Sie hielt einen Moment inne. „Ich will mich nicht in einem Käfig bewegen. Weder räumlich noch zeitlich!"

„Irgendwann stößt du aber immer auf eine Grenze", schob Herr Thomas ein. „Nimm einen freien Vogel: Der kann auch nicht weiter als der Himmel fliegen."

„Das mag sein. Aber warum muss ich schon lange vor der Abreise wissen, wo ich hinfahre und wann ich zurückkomme?"

Ihr Gegenüber schwieg.

„Ich glaube", fuhr Fräulein Sarah fort, „die meisten Leute wissen gar nicht mehr, wie sich das anfühlt, richtig frei zu sein."

„Ja, und das liegt daran, dass die meisten es sich gar nicht erlauben können, alles stehen und liegen zu lassen und um die Welt zu ziehen. Leute haben Jobs und Familie, die können nicht einfach weg."

„Ich habe auch einen Job und Familie", konterte Fräulein Sarah sofort. „Und ich war schon einige Male länger weg."

„Aber du hast keine Verpflichtungen im Beruf oder ein Haus, das du abzahlen musst, oder zwei schreiende Kinder, die Essen wollen und in die Schule müssen. Das kostet schließlich alles viel Geld."

„Okay, für manche Leute ist es nicht leicht, einfach wegzufahren. Aber eine aufregende Reise muss nicht automatisch teuer sein, man denkt das nur immer. Es ist wie im Leben allgemein: Man braucht nicht viel Geld, um glücklich zu sein. Viele könnten das Gleiche machen wie ich, sie trauen sich nur nicht."

Herr Thomas schwieg wieder.

„Du zum Beispiel: Du könntest etwas Geld sparen und deinen Job kündigen und dann kommst du mit mir mit. Ab ins freie Leben!"

Sie hockte sich mit einem verführerischen Lächeln auf seinen Schoss. Ihre Augen leuchteten so stark, dass Herr Thomas sie unmöglich ignorieren konnte.

„Ich kann doch nicht einfach so weg."

„Warum nicht? Du könntest dir doch wenigstens einige Monate unbezahlten Urlaub nehmen."

„Theoretisch könnte ich das, ja."

„Und deine Wohnung untervermieten."

Er nahm seinen Kopf zurück.

„Du meinst das im Ernst, oder?"

„Na klar!"

Herr Thomas schaute sie eine Weile schweigend an.

„Wo willst du denn eigentlich hin?", fragte er schließlich.

„Ich weiß noch nicht. Vielleicht entscheide ich das erst ein paar Tage vorher. Ist doch viel aufregender so!"

„Findest du?"

Sie nickte entschlossen. „Also, überleg es dir! Du bist herzlich eingeladen." Dann gab sie ihm einen Kuss, stand auf und ging in Richtung Tür. Herr Thomas blickte ihr nachdenklich hinterher.

„Sollte man sich nicht immer frei fühlen können?"

Fräulein Sarah blieb stehen. „Wie meinst du das?"

„Na egal, wo man ist und egal, was man macht. Auf einer Reise oder zu Hause, bei der Arbeit oder im Urlaub."

„Ja, eigentlich sollte es egal sein", stimmte sie zu. „Aber wenn du lernen willst, was es bedeutet, wirklich frei zu sein – das geht halt am besten auf einer Reise. Ohne Rückflugticket!"

Einige Tage später tauschte Fräulein Sarah die beiden Poster, die an der Wand hingen, gegen eine Weltkarte aus. „Guck doch nur, wie groß sie ist, die Erde!"

„Und meine Filmposter?"

„Willst du verreisen oder ins Kino gehen?"

Herr Thomas murrte kurz, gab dann aber kleinlaut nach. Er rollte die Poster zusammen und verstaute sie sorgfältig auf dem Schrank.

„Ich glaube, so eine Reise würde dir echt guttun", ermunterte ihn Fräulein Sarah. „Vielleicht ist es genau das, was du brauchst: die sicheren vier Wände verlassen und etwas tun, was du noch nie zuvor gemacht hast."

„Momentan kann ich mir das nicht so richtig vorstellen, aber wer weiß – vielleicht fliegen wir bald wirklich zusammen um die Welt."

„Das wäre großartig", freute sie sich.

Herr Thomas schenkte ihr ein zurückhaltendes Lächeln.

„Apropos fliegen", fuhr Fräulein Sarah fort, „was hältst du davon, wenn wir die beiden Vögel mal rauslassen?"

„Wo?"

„Na, hier im Zimmer."

„Moment mal: Erst wolltest du einen größeren Käfig, dann einen zweiten Vogel und jetzt sollen die beiden auch noch durch die Wohnung fliegen? Als Nächstes willst du sie wahrscheinlich mit ins Bett nehmen!"

Fräulein Sarah verdrehte die Augen.

„Also wirklich! Außerdem sollen sie nicht durch die ganze Wohnung fliegen, sondern nur hier im Wohnzimmer."

Herr Thomas guckte sich um. „Hier?", fragte er ungläubig.

„Warum denn nicht?"

„Weil sie mir dann alles vollscheißen!" Er schaute sie an, als wäre es der offensichtlichste Grund, die Vögel im Käfig zu lassen.

„Deswegen lässt du sie nie raus? Weil sie ein bisschen Dreck verursachen? Das kann man doch wieder sauber machen!"

„Ja, aber ich möchte trotzdem nicht, dass sie hier rumsauen."

„Ach komm schon …"

„Nein!"

Fräulein Sarah atmete einmal tief durch, dann marschierte sie aus dem Zimmer und verließ die Wohnung. Herr Thomas blieb verblüfft zurück.

„Was ist denn jetzt los?", wunderte er sich.

Kurz darauf kam sie zurück – mit Herrn Palowski im Schlepptau. „Könnten Sie ihm bitte erklären, dass Vögel regelmäßig fliegen sollten!"

Die beiden Männer ließen ihren Blick von Fräulein Sarah zum Käfig wandern, dann schauten sie sich gegenseitig an.

„Etwas Freiflug wäre schon gut", begann Herr Palowski, „sonst bildet sich nach und nach die Flugmuskulatur zurück. Das ist so, als würden Sie die Kraft in ihren Beinen verlieren. Die Folge ist weniger Bewegung und das führt dann früher oder später zu Übergewicht. So wie bei dem da!" Herr Palowski zeigte auf Charlie.

„Ein paar Stunden pro Tag zu fliegen würden ihm bestimmt helfen, wieder fit zu werden."

„Ein paar Stunden? Jeden Tag?"

„Sie benutzen ihre Beine doch auch öfter als einmal pro Woche, oder?"

Einen kleinen Moment herrschte Stille.

„Und wenn Sie einen Vogel wollen, der wirklich glücklich ist", fügte Herr Palowski hinzu, „dann lassen Sie ihn am besten ganz frei."

Fräulein Sarah grinste triumphierend, während Herr Thomas einen lauten Seufzer ausstieß. „Also gut, wir lassen sie ab und zu raus, aber nur unter einer Bedingung: Du versprichst mir, dass *du* den Mist wegmachst, den sie zwangsläufig im Zimmer verteilen werden!"

„Einverstanden!", sagte Fräulein Sarah sofort. Sie reichte ihm die Hand, um die Abmachung zu besiegeln. Dann ging sie zum Fenster und zog die Gardinen zu. Herr Thomas starrte sie fragend an.

„Sonst fliegen die Armen gegen die Scheibe", kommentierte sie.

„Aha. Und wann willst du sie rauslassen?"

„Jetzt."

„Jetzt?"

„Ja. Jetzt!"

Charlie saß auf einer der Holzstangen und verfolgte jede Bewegung der drei Menschen mit großem Misstrauen. Irgendetwas führten sie wieder im Schilde, da war er sich sicher. Clara hockte unten auf dem Sandboden und zerhackte fröhlich Sonnenblumenkerne. Sie war so sehr in ihre Tätigkeit vertieft, dass sie überhaupt nicht merkte, als die Frau plötzlich auf den Käfig zukam und ihre Hand in Richtung der Gitterstäbe ausfuhr. Charlie stockte der Atem!

„Zeit zum Fliegen", sagte Fräulein Sarah, während sie mit zwei einfachen Griffen die Tür aufklappte. Dann trat sie einige Schritte zurück und gesellte sich zu den beiden Männern, die immer noch mitten im Raum standen. Schweigend beobachteten sie, was als Nächstes passieren würde.

Charlie hatte seinen Blick auf das Loch im Käfig fixiert und schwieg ebenfalls. Eine geschlagene Minute passierte nichts, dann bemerkte Clara die Stille, die um sie herum herrschte. Sie sah vom Boden auf und erblickte Charlie, der erstarrt über ihr saß.

„Alles klar?", rief sie nach oben.

Keine Antwort.

„Charlie?"

Nichts.

Clara zögerte kurz, dann kletterte sie zwei Etagen höher und setzte sich neben ihren erstarrten Mitbewohner. „Was ist denn los?"

Mit einer langsamen Kopfbewegung deutete Charlie auf das Loch, das in der Gitterwand klaffte.

Clara schrie sofort los. „Wow! Der Käfig ist offen!" Aufgeregt hüpfte sie hin und her, sodass die ganze Stange wackelte.

„Los, lass uns raus! Komm schon!"

Gerade wollte sie losfliegen, da meldete sich Charlie zu Wort. „Das ist eine Falle."

„Was?"

„Eine Falle! Die wollen uns reinlegen, ganz bestimmt!"

„Wieso das denn? Du spinnst!"

„Mach, was du willst", erwiderte er, „aber ich gehe da nicht raus. Die letzten Male, als alle hier waren und die Tür aufging, haben sie mich eingefangen. Darauf hab' ich keine Lust!"

Clara musterte die drei Gestalten, die draußen vor dem Käfig standen. „Ich glaube nicht, dass die uns fangen wollen."

„Probier's halt!"

Sie wurde unsicher und konnte sich nicht entscheiden. „Vielleicht warte ich doch noch etwas."

Regungslos verharrten beide auf der Stange. Wenig später gab es noch einmal kurz Aufregung, als Herr Thomas, Fräulein Sarah und Herr Palowski auf das Sofa umzogen, anschließend kehrte aber wieder Ruhe ein.

Fünf Minuten vergingen, dann zehn, dann zwanzig. Nichts geschah!

„Die sitzen da doch nur", stellte Clara fest. „Ich geh raus!"

Noch bevor Charlie etwas sagen konnte, hatte Clara bereits einen großen Satz gemacht und flog quer durchs Zimmer, geradewegs auf die magische Wand zu. Sie landete im obersten Fach, gab einen Freudenschrei von sich und segelte elegant zum Käfig zurück.

„Juhu! Das musst du auch mal machen!"

Sofort drehte sie sich wieder um und setzte zum nächsten Flug an. Charlie schaute ihr hinterher und behielt gleichzeitig das Sofa im Auge. Er traute der ganzen Sache noch nicht.

Jedes Mal, wenn Clara wieder auf der heruntergeklappten Tür landete, versuchte sie, ihn zu überreden, mitzufliegen.

„Das macht riesig Spaß! Und wenn du schneller wirst, kitzelt es am Bauch, das ist ganz lustig! Komm schon!"

Charlie warf erneut einen Blick in Richtung Sofa. Die drei Menschen machten in der Tat keinerlei Anstalten, Clara zu fangen. Vielleicht konnte er es ebenfalls wagen ...

Doch schon kamen die nächsten Zweifel auf. Seine Mitbewohnerin hatte im Keller zwar nur sehr wenig Licht gehabt, aber das Vogelhaus dort war groß genug gewesen, um wenigstens etwas umherfliegen zu können. Da sie erst vor Kurzem den Wohnsitz gewechselt hatte, war sie noch in Übung. Charlie hingegen war das letzte Mal geflogen, als er mit seiner Familie in der großen Voliere beim Züchter gelebt hatte. Seit über drei Jahren hatte er seine Flügel also nicht mehr richtig benutzt – für einen kleinen Vogel ist das eine halbe Ewigkeit.

„Wow!", kam Clara wieder angeflogen. „Das ist fantastisch!"

Charlie hatte die Wahl: entweder neidisch werden, weil Clara so viel Spaß hatte und er nicht, oder sich inspirieren lassen und den Sprung nach draußen selbst riskieren. Angst oder Neugierde, wer war dieses Mal stärker?

„Woooooow!" Clara kreiste durchs Zimmer und flog alle paar Sekunden jubelnd am Käfig vorbei.

‚Also gut', dachte er sich schließlich, ‚ich muss es einfach versuchen!'

Die Neugierde hatte gewonnen. Vorsichtig tippelte er seitwärts die Holzstange entlang, hangelte sich an der Gitterwand zum Ausgang und stieg vorsichtig auf die heruntergeklappte Tür. Sein Herz begann, wild zu pochen – es war das erste Mal, dass er sich alleine außerhalb des Käfigs befand. Clara schrie ihm vom anderen Ende des Zimmers zu: „Los, spring!"

Charlie holte einmal tief Luft und schloss kurz die Augen. Entschlossen riss er sie wieder auf, machte einen großen Satz nach vorne und breitete seine Flügel aus. Im Sturzflug raste er in Richtung Boden! Er taumelte, verlor fast die Kontrolle und schaffte es noch so gerade eben, einen harten Aufprall zu vermeiden. Dann schoss er nach oben und sah direkt vor sich die Schrankwand! Er stieg steil hoch, flatterte zum Bremsen wild mit den Flügeln und landete schließlich direkt neben Clara. Während er nach Luft hechelte, blickte er sofort zum Sofa: Die Menschen saßen noch immer an der gleichen Stelle – Charlie atmete erleichtert aus.

„Siehst du, klappt doch!", freute sich Clara mit ihm. „Und jetzt im Kreis fliegen – guck mal!" Mit einem weiten Sprung hob sie ab und drehte einige Runden um die Lampe, die in der Mitte des Zimmers hing. Wenig später setzte sie wieder neben ihm auf. „Du bist dran!"

Ohne weiter nachzudenken, ließ er sich fallen und begann, gleichmäßig mit den Flügeln zu schlagen. Dann lehnte er sich nach links und flog in großen Kurven um die Lampe. Es funktionierte! „Wow!", schrie er. „Das ist großartig!"

„Hab' ich dir doch gesagt", rief Clara zurück.

Nach einigen Runden verließ er die Kreisbahn und setzte zur Landung an. Vor lauter Aufregung vergaß er allerdings, rechtzeitig abzubremsen. Als er seinen Fehler bemerkte, war es bereits zu spät: Mit seinem ganzen Gewicht rammte er Clara! Sie rutschten gegen die Bücherreihe, prallten ab und blieben kurz vor dem Abgrund liegen. Clara schnellte hoch.

„He, bist du bescheuert?!", fuhr sie ihn an.

Charlie schüttelte sich einmal und machte einen Schritt zurück. „Tut mir leid."

Glücklicherweise war beiden nichts passiert. Sie berappelten sich und flogen weiter. Charlies Landungen waren noch ziemlich holprig, ansonsten klappte das Fliegen nach so langer Pause aber schon wieder hervorragend. Das Problem war jedoch, dass die Muskeln in seinen Flügeln noch zu schwach waren, um lange durchzuhalten. Hinzu kam, dass er Übergewicht hatte, was wiederum dazu führte, dass er einige Male auf dem Boden notlanden musste. Es galt, die überschüssigen Gramme so schnell wie möglich abzutrainieren!

Am ersten Flugtag musste er bereits nach einer halben Stunde erschöpft aufgeben. Aber schon am zweiten Tag schaffte er zwanzig Minuten länger und am dritten Tag hielt er dann fast eine ganze Stunde durch. Nach und nach verlor er seinen dicken Bauch und seine Flügel wurden immer kräftiger. Außerdem übte er sich darin, ohne Furcht den Käfig zu verlassen. Für Charlie war das ein echter Erfolg! Anstatt sich Sorgen zu machen, was die Menschen mit ihm machen könnten, dachte er darüber nach, wie lange er wohl in der Luft bleiben konnte. Er fühlte sich mutiger und strahlte wieder mehr Lebensfreude aus.

Gelegentlich ging ihm auch noch ein anderer Gedanke durch den Kopf; ein Gedanke, der ihm half, die unbegrenzten Möglichkeiten der Zukunft zu sehen: starke Flügel zu haben und angstfrei zu sein – wer weiß, wozu das noch gut sein könnte ...

Der Frühling hatte inzwischen an Kraft gewonnen. Er brachte Regen und Sonnenschein und ließ das Leben aufblühen. Fräulein Sarah hatte durchgesetzt, dass die Vögel jeden Tag einige Stunden herausdurften. Sobald der Käfig geöffnet wurde, brausten Charlie und Clara durchs Wohnzimmer und kamen erst wieder zurück, wenn ihnen vor lauter Hunger schwindelig war. Sie liebten den Freiflug und hatten einen riesigen Spaß, durch den Raum zu kreisen und sich gegenseitig kleine Kunststückchen vorzuführen. Einmal waren sie sogar drei Tage ganz alleine, als Herr Thomas und Fräulein Sarah ein Wochenende weggefahren waren. Drei Tage lang stand die Käfigtür auf! Die Fressnäpfe waren bis zum Rand gefüllt, Hirsestangen türmten sich auf dem Boden und der Flimmerkasten blieb aus. Sie konnten herein und heraus, wann sie wollten, und niemand durchquerte ihre Flugbahnen. Es war fast zu schön, um wahr zu sein! Für eine Weile spürte Charlie einen Hauch von Freiheit und vergaß, dass er immer noch gefangen war. Er fühlte sich so lebendig, dass er sogar wieder zu singen begann!

Herr Thomas und Fräulein Sarah befanden sich ebenfalls auf einem Hoch. Sie waren verliebt und verbrachten jede freie Minute zusammen. Manchmal schlenderten sie Hand in Hand durch die Stadt oder spazierten am Waldrand entlang. Sie speisten in schicken Restaurants, machten kleine Ausflüge und trieben zusammen Sport. Oft lagen sie auch stundenlang auf dem Sofa und stellten sich eine gemeinsame Zukunft vor. Sie träumten von Abenteuer und Familie, von Unabhängigkeit und nie endender Liebe.

Es war für alle eine glückliche Zeit, harmonisch und unbeschwert. Jeder neue Tag wurde mit einem Lächeln begrüßt und abends schliefen alle zufrieden ein.

Es war eine Zeit, die ewig so hätte weitergehen können.

Schmerzen

Charlie hockte gemütlich auf der Gardinenstange. Er hatte die Augen halb geschlossen und döste vor sich hin. Clara thronte ganz oben auf der magischen Wand, dem großen Regal genau gegenüber von ihm. Sie hatte sich aufgeplustert und saß seelenruhig in einem Meer von bunten Papierfetzen. Ein leichter Mairegen hatte eingesetzt. Es war kurz vor vier.

Draußen stand Herr Thomas auf der braunen Fußmatte und trat sich die Schuhe ab. Seinen Regenschirm hatte er bereits in den Regenschirmständer gestellt, der sich direkt neben der Tür befand. Er steckte den Schlüssel ins Schloss, drehte ihn drei Mal nach links und betrat die Wohnung. Erste Station: die kleine Kommode im Flur. Er legte die mitgebrachte Post in das Postkörbchen, hängte den Schlüssel an den Haken und verstaute seine Arbeitstasche ordentlich im untersten Fach. Dann machte er einen Abstecher ins Badezimmer, wusch sich die Hände und ging anschließend in die Küche und trank ein Glas kaltes Wasser.

Mit etwas Schokolade im Mund marschierte er wenig später ins Wohnzimmer. Kaum war er durch die Tür, blieb er ruckartig stehen und verschluckte dabei das halbgeschmolzene Schokoladenstück. Er traute seinen Augen nicht: Der ganze Raum war in Chaos versunken!

„Was zum Teufel ist denn hier los?", hustete er.

Auf dem Boden, in den Regalfächern, auf dem Sofa, dem Tisch, sogar auf dem Fernsehgerät und der Lampe – überall waren Papierschnipsel verstreut!

Charlie und Clara waren durch den heftigen Husten hochgeschreckt, blieben aber auf ihren Plätzen sitzen. Herr Thomas brauchte einige Momente, um seine Fassung zurückzugewinnen. Dann bückte er sich und nahm einen der Schnipsel in die Hand. Sofort wusste er, was passiert war. „Meine Filmposter! Ihr Mistkerle!"

Nacheinander warf er erst Clara und dann Charlie einen bösen, ja fast schon feindseligen Blick zu. Die beiden Vögel waren sich jedoch keiner Schuld bewusst. Sie hatten sich einfach einen schönen Vormittag gemacht, indem sie die zwei großen Papierrollen, die schon so lange unberührt auf dem Schrank gelegen hatten, in hunderte kleine Teile zerhackt hatten. Es war für beide ein Mordsspaß gewesen.

Herr Thomas fand das überhaupt nicht lustig. Er kniete sich hin, um die kleinen Papierstückchen aufzusammeln. Bald merkte er jedoch, dass es auf diese Weise viel zu lange dauern würde. Wutschnaubend verließ er den Raum und kehrte kurz darauf mit einem Staubsauger zurück. Er schloss ihn an und begann, mit lautem Getöse das Chaos zu beseitigen.

Charlie schaute ihm eine Weile zu. Dann ließ er seinen Blick schweifen und bemerkte auf einmal, dass die Wohnzimmertür nicht richtig geschlossen war. Sofort suchte er Blickkontakt mit Clara – sie hatte den offenen Spalt auch schon bemerkt und schien ihm etwas sagen zu wollen. Bei dem ganzen Lärm verstand er jedoch kein einziges Wort. Plötzlich machte Clara einen Satz nach vorne. Ihm stockte der Atem – ‚sie will doch nicht etwa ...' Doch: Drei Flügelschläge später landete Clara oben auf der Tür, genau dort, wo der Spalt groß genug war, um hindurchzuschlüpfen.

„Pass auf!", brüllte Charlie ihr von der Gardinenstange aus zu, doch wegen des Staubsaugerlärms verstand sie ihn natürlich nicht.

Und dann war es auch schon zu spät: Gerade, als sie losfliegen wollte, um die restliche Wohnung zu erkunden, bemerkte Herr Thomas die offene Tür. Instinktiv fuhr er seinen Arm aus und drückte sie schnell zu. Leider hatte er vorher nicht gesehen, dass ein Vogel oben auf der Kante saß. Charlie musste mitansehen, wie Clara in die Luft geschleudert wurde und danach wild flatternd zu Boden rauschte. Dabei kreischte sie so laut, dass man sie trotz des Staubsaugers hören konnte!

Völlig erschrocken starrte Herr Thomas auf den abgestürzten Vogel, der sich schreiend vor ihm auf dem Boden hin und her wälzte. Schnell schaltete er den Staubsauger aus, blickte auf und sah zwei lange Federn, die zwischen Tür und Rahmen feststeckten. Er guckte wieder nach unten und erschrak noch viel mehr: Direkt neben Clara war der graue Teppich rot – Blut! Sofort stürmte er aus dem Zimmer, zog die Tür hinter sich zu und ließ die beiden Vögel alleine zurück.

„Clara!", rief Charlie besorgt. „Clara?"

Als Antwort bekam er nur unverständliche Schreie. Er musste näher heran! Mit einem großen Satz sprang er los, flog quer durch den Raum und landete in dem Regalfach, das sich genau über ihr befand.

„Clara! Sag doch was!"

Nichts.

„Alles klar bei dir?"

Charlie biss sich auf die Zunge – was für eine schwachsinnige Frage!

„Brauchst du Hilfe?"

Wieder schrie sie, dieses Mal noch etwas qualvoller als zuvor.

„Warte, ich komme!"

Er wollte gerade zum Sturzflug ansetzen, da wurde die Zimmertür aufgerissen und Herr Thomas eilte mit Herrn Palowski herein. Charlie blieb wie versteinert sitzen.

„Warum muss sie sich denn auch auf die Tür setzen?"

„Neugierde!", kommentierte Herr Palowski. „Und übrigens: Der Vogel fragt sich wahrscheinlich gerade, wieso Sie nicht die Augen aufmachen, bevor Sie die Tür zuknallen. Wieso war sie überhaupt offen?"

Herr Thomas zuckte unschuldig mit den Achseln, während sich der pensionierte Tierarzt um die Patientin kümmerte.

„Der Fuß sieht aber gar nicht gut aus. Da kann ich hier nichts machen."

„Nein?"

„Nein. Haben Sie einen Schuhkarton? Wir müssen sie in eine Klinik bringen."

„In eine Klinik? Jetzt?"

„Ja. Es sei denn, Sie wollen, dass ich den Fuß mit einer Küchenschere hier auf dem Teppich amputiere."

Herr Thomas musste schlucken.

„Der Fuß muss amputiert werden? Echt?"

„Vielleicht. Also: Schere oder Schuhkarton?"

Kurz darauf schaute Charlie zu, wie Clara von den beiden Männern in einer blauen Kiste abtransportiert wurde. Wo wurde sie hingebracht? Und warum? Und würde sie noch mal zurückkommen?

Oft nervte Clara ihn mit ihrem ständigen Geplapper, aber er wollte natürlich nicht, dass ihr etwas Schlimmes passierte. Eine ganze Stunde tippelte er nervös auf dem Regal hin und her, dann flog er in den Käfig und lenkte sich mit dem Abendessen ab. Er war gerade fertig, als das bange Warten ein Ende hatte: Herr Thomas betrat das Wohnzimmer – mit der blauen Kiste in der Hand! Während Charlie aufgeregt nach oben kletterte, nahm Herr Palowski den Deckel ab, griff hinein und holte die sichtlich verwirrte Vogeldame heraus. Dann setzte er sie behutsam auf der Stange ab und schloss die Käfigtür.

„Geht's dir gut?", wollte Charlie sofort wissen.

Clara nickte stumm.

„Wo warst du?"

„Weiß ich nicht."

Sie war immer noch stark benommen – von dem Schock und den Schmerzen und von der Vollnarkose bei der Tierärztin.

„Was ist denn passiert?"

„Keine Ahnung", murmelte sie, „auf einmal war alles schwarz."

Stille.

„Und das?"

Charlie deutete mit dem Schnabel leicht nach unten. Clara senkte ihren Blick und fing augenblicklich an zu schreien.

„Ah! Was ist das denn? Nimm es weg! Schnell, mach doch was!"

Es war das erste Mal, dass sie den riesigen Verband sah, der ihren ganzen linken Fuß bedeckte.

Durch die Quetschung hatte Clara anderthalb Zehen und insgesamt fünf Federn verloren. Das hörte sich erst einmal schlimm an und die Schmerzen waren in der Tat grässlich gewesen. In Wahrheit hatte sie aber verdammtes Glück gehabt: Wäre sie nicht mit dem Fuß, sondern mit dem Bauch oder gar mit dem Kopf zwischen Tür und Rahmen gekommen, dann hätte der Unfall auch leicht tödlich enden können.

Damit die Wunden schneller heilen würden, hatte die Tierärztin ihr einen fetten Verband verpasst. Vorläufig hatte Clara also nur einen Fuß zur Verfügung. So lange sie sich auf einer der Sitzstangen aufhielt, gab es auch keinerlei Probleme: Wie die meisten Vögel saß sie nämlich gerne auf nur einem Fuß, manchmal schlief sie sogar in dieser Position. Ansonsten war ihre Beweglichkeit jedoch stark eingeschränkt. Vor allem beim Klettern blieb der eingewickelte Fuß immer wieder zwischen den Gitterstäben hängen und Sprünge waren komplett unmöglich. Hinzu kam, dass Charlie ständig lachen musste, weil sie mit dem Verband so komisch aussah.

Das größte Ärgernis war allerdings die Tatsache, dass die Käfigtür nicht mehr aufgemacht wurde. Clara durfte nicht fliegen, da jede Bruchlandung den Heilungsprozess ihres Fußes hätte verzögern können. Es war eine reine Vorsichtsmaßnahme, damit es ihr so schnell wie möglich besser gehen würde. Leider saß Charlie aber in dem gleichen Käfig wie Clara und so war auch er von der Ausgangssperre betroffen.

Anfangs reagierte Charlie mit Unverständnis. Tagelang hockte er beleidigt auf seiner Stange und fand es schrecklich gemein, dass er nun leiden musste, nur weil Clara nicht aufgepasst hatte. Nach und nach beruhigte er sich aber wieder und kehrte zu seiner alten Routine zurück: schlafen, essen und Nichtstun!

Er begann, über die letzten Wochen nachzudenken. Das Fliegen hatte ihm viel Spaß gemacht, keine Frage! Aber war das Wohnzimmer wirklich so viel besser als der Käfig? Jedes Mal, wenn Herr Thomas die Tür aufmachte, konnten die beiden zwar ihren Käfig verlassen, betraten aber sofort den nächsten verschlossenen Raum. Raus aus dem einen Gefängnis, rein in das andere! Streng genommen war das Wohnzimmer nämlich auch ein Käfig, nur eben etwas größer. Es hatte vier Wände und eine Tür, die sie selber nicht öffnen konnten – von Freiheit also keine Spur!

Immer öfter beobachtete er die Vögel, die hoch oben am Himmel flogen. Charlie wusste nicht, was er verpasste, doch mit einem Blick nach draußen konnte er erahnen, dass das Leben auf der anderen Seite des Fensters mehr zu bieten hatte, als Käfig und Wohnzimmer ihm je hätten geben können. Er versuchte, sich vorzustellen, wie es wohl sein würde, so ganz ohne Begrenzung zu fliegen. Ohne Gitterstäbe und ohne Wände! Allerdings fragte er sich, ob es draußen vielleicht auch eine versteckte Tür gab, die abgeschlossen war. Irgendeine dämliche Tür schien es ja immer zu geben. Wieso sollte das im Himmel anders sein?

Zehn Tage nach dem Unfall kam Herr Palowski vorbei, nahm Clara den Verband ab und gab grünes Licht zum Fliegen. Herr Thomas weigerte sich jedoch zunächst, die Vögel aus dem Käfig zu lassen, weil er es den beiden immer noch übel nahm, dass sie das Wohnzimmer in ein Schlachtfeld verwandelt hatten. Erst in mehreren Anläufen schaffte es Fräulein Sarah, ihn zu überzeugen, dass die Vögel bestimmt nicht mit böser Absicht gehandelt hatten.

An einem sonnigen Nachmittag Ende Mai wurde die Käfigtür aufgeklappt.

„So, jetzt könnt ihr wieder raus!"

Herr Thomas und Fräulein Sarah warteten darauf, dass Charlie und Clara losflogen. Doch zu ihrer Überraschung machte keiner der beiden Vögel auch nur die geringsten Anstalten, den Käfig zu verlassen.

„Tja, die anfängliche Euphorie hat sich wohl gelegt", stellte Herr Thomas nüchtern fest.

„Vielleicht haben sie Angst, dass du dich wegen der Poster an ihnen rächst", scherzte Fräulein Sarah, erhielt darauf von ihrem Gegenüber allerdings einen genervten Blick.

„Komm, wir lassen sie in Ruhe", fuhr sie fort. „Wir wollten sowieso noch eine Runde schlafen."

Wenig später verschwanden die beiden Menschen aus dem Wohnzimmer und ließen die Vögel mit der offenen Käfigtür alleine. Stille kehrte ein.

„Gehst du nicht raus?", fragte Clara nach einer Weile.

Charlie schüttelte den Kopf.

„Warum denn nicht?"

„Keine Lust", antwortete er knapp. „Geh du doch!"

Clara schwieg und wippte dabei nervös auf ihrer Stange hin und her.

„Charlie ...", begann sie schließlich.

„Was?"

„Ich muss dir etwas sagen."

„Was denn?"

„Ich trau mich nicht raus!"

Charlie starrte sie erstaunt an.

„Sonst warst du doch auch draußen", wunderte er sich.

„Ja, aber jetzt habe ich Angst."

„Wovor hast du denn Angst?"

„Dass das mit dem Unfall noch mal passiert."

Für einen Moment herrschte wieder Stille.

„Pass doch einfach besser auf, dann passiert bestimmt nichts", ermunterte er sie.

„Ich traue mich aber trotzdem nicht."

Von der ehemals so scheulosen Vogeldame war nichts geblieben. Die unfreiwillige Begegnung mit der Zimmertür hatte sie völlig eingeschüchtert!

„Und wenn du in der Nähe vom Käfig bleibst?"

Beschämt schüttelte sie den Kopf. „Ich will am liebsten gar nicht raus!"

„Dann bleib halt hier", antwortete Charlie.

Clara tat ihm leid. Er wusste, dass es nicht schön war, wenn man Angst hatte.

„Im Wohnzimmer rumzufliegen ist ohnehin sinnlos", versuchte er, sie zu trösten. „Da dreht man sich immer nur im Kreis, das ist auf Dauer langweilig! Ich bleibe auch hier."

Und so kam es, dass beide Vögel im Käfig blieben – trotz offener Tür! Allerdings gab es zwei sehr unterschiedliche Gründe, warum sie nicht hinauswollten. Bei Clara saß der Schock von ihrem Unfall immer noch sehr tief. Obwohl die physischen Wunden fast verheilt waren, hatte sie das emotionale Trauma noch lange nicht verarbeitet. Sie brachte einfach nicht den Mut auf, den schützenden Käfig zu verlassen. Angst lähmte ihre Lebensfreude!

Charlie war wenige Monate zuvor ebenfalls aus Angst und wegen fehlenden Muts im Käfig geblieben. Dieses Mal war es aber anders. Dieses Mal entschied er sich gegen die Freiheit, weil es überhaupt keine Freiheit war.

„Egal, wie groß oder klein ein Käfig ist: Wenn du ihn von innen nicht selbst aufmachen kannst, dann bist du gefangen!"

Da die Vögel ihre Behausung nicht verlassen wollten und das Wetter mittlerweile recht mild war, beschlossen Herr Thomas und Fräulein Sarah, den Käfig auf den Balkon zu stellen. Nachdem der Umzug abgeschlossen war, nutzten sie die Gelegenheit für einen späten Frühjahrsputz im Wohnzimmer. Während Fräulein Sarah die Fenster und die Gardinen sauber machte, kratzte Herr Thomas den Staub von all seinen achthunderteinundzwanzig Büchern im großen Bücherregal. Vereinzelt fand er dabei noch einige bunte

Papierschnipsel, die ihn an seine geliebten Poster erinnerten. Sie wollten ihn einfach nicht loslassen, es war wie verhext!

„Sollen wir gleich noch in die Stadt fahren?", fragte Fräulein Sarah, als sie mit den Gardinen in der Hand am großen Regal vorbeikam.

„In die Stadt? Warum?"

Herr Thomas war völlig ins Staubwischen vertieft.

„Um für dich nach einem Rucksack zu gucken", antwortete Fräulein Sarah mit hörbarer Vorfreude.

„Was denn für ein Rucksack?"

„Na ein Rucksack – für die Reise!"

„Welche Reise?"

„Wie, welche Reise? Wolltest du nicht mit mir zusammen in die Welt hinaus?"

Erst jetzt wandte sich Herr Thomas vom Bücherregal ab und legte das Staubtuch beiseite.

„Ich habe mich doch noch gar nicht entschieden, ob ich mitkomme."

„Nein?", fragte Fräulein Sarah erstaunt.

„Nein."

„Aha. Ich dachte, das wäre schon sicher gewesen."

Sie klang enttäuscht.

„Davon war nie die Rede. ,Vielleicht' habe ich gesagt."

„Und was ist mit den ganzen Plänen, die wir schon gemacht haben?"

„Was für Pläne?", wunderte sich Herr Thomas.

„Na, die ganzen Länder und Orte, wo wir hinwollten."

„Das waren doch keine Pläne."

„Nein? Was war es denn dann?", fragte sie empört.

„Ideen, Gedanken, Träume. Jedenfalls keine Pläne! Du sagst doch selbst immer, man soll nicht so viele Pläne machen."

Fräulein Sarah starrte ihn entsetzt an.

„Pläne nicht, aber Träume schon. Und Träume müssen auch mal gelebt werden! Wenn du dazu keine Lust hast, dann stell halt weiter Reisepässe aus!"

Sie knallte ihm die Gardinen vor die Füße und rannte wütend aus der Wohnung. Herr Thomas blieb wie angewurzelt stehen und schüttelte den Kopf. Offensichtlich hatte er falsche Erwartungen geweckt.

„Oder vielleicht habe ich mich auch nicht richtig ausgedrückt", murmelte er zu sich selbst. Damit die ganze Situation nicht weiter eskalieren würde, machte er sich auf, um Fräulein Sarah zu suchen.

Charlie und Clara verbrachten unterdessen den ersten Tag auf dem Balkon. Für Clara war es das erste Mal in ihrem Leben, dass sie an der frischen Luft war. Bisher hatte sie nur den Keller, den Schuhkarton und das Wohnzimmer gekannt. Folglich freute sie sich sehr, dass der Käfig nun draußen stand. Sie sang schon seit einigen Stunden ununterbrochen und war bestens gelaunt.

Charlie war nicht ganz so euphorisch. Zwar genoss er die warme Frühlingsbrise und hatte sogar zwei Freudenschreie ausgestoßen, als er nach dem langen Winter endlich wieder auf den Balkon gebracht worden war. Nach Singen war ihm allerdings nicht zu Mute und eigentlich hatte er auch keine Lust, die ganze Zeit Clara zuhören zu müssen. Aber was hätte er schon tun sollen? Ihr verbieten, glücklich zu sein? Und ein anderes Zimmer, in das er sich hätte zurückziehen können, gab es leider nicht. Also versuchte er, sie so gut es ging zu ignorieren, und ließ seinen Blick träumend am weiten Horizont entlang wandern.

Eine ganze Weile saßen sie so da, ohne das etwas Besonderes passierte. Dann vernahm Charlie auf einmal Vogelstimmen, die immer lauter wurden. Kurz darauf tauchten zwei kleine Vögel auf, direkt vor dem Balkon! Ein grüner und ein blauer. Sie wirbelten durch die Luft und drehten eine Pirouette nach der anderen. Dann kam der blaue Vogel plötzlich auf den Käfig zu gerauscht, drehte jedoch in letzter Sekunde ab und flog durch die offene Balkontür in die Wohnung. Der grüne folgte ihm unmittelbar. Charlie und Clara blickten sich verdutzt an und drehten sich dann sofort zum Wohnzimmer um. Wegen der tief stehenden Sonne, die sich in der Fensterscheibe spiegelte, konnten sie nicht genau erkennen, was drinnen vor sich ging.

„Ich glaube, die fliegen im Kreis", sagte Charlie.

„Warum das denn?"

„Keine Ahnung!"

Wenige Sekunden später sauste der blaue kleine Vogel wieder heraus und an dem Käfig vorbei in Richtung Himmel. Wo blieb denn der grüne? Da – sie erblickten direkt vor sich ein grünes Vogelgesicht. Und dann knallte es!

Clara wäre vor Schreck fast von der Stange gefallen. Der grüne Vogel war geradewegs gegen die blitzsaubere Fensterscheibe geflogen – er hatte die Balkontür, die Herr Thomas freundlicherweise offengelassen hatte, um einen ganzen Meter verpasst! Er stürzte nach unten und landete auf der Fensterbank. Da lag er nun genau vor ihnen, nur die Glasscheibe trennte sie voneinander.

Charlie und Clara starrte ihn fassungslos an.

„Ist er tot?"

„Ich weiß nicht. Bewegen tut er sich jedenfalls nicht", stellte Charlie fest.

„Ruf doch mal", sagte sie.

„Ruf du doch!"

Clara holte tief Luft. „Hallo!", flüsterte sie.

Charlie sah sie entgeistert an.

„So hört er das bestimmt nicht."

„Haaallo", rief sie. Dann etwas lauter: „Haaaaaallo!"

Nichts.

„Ja, ich glaube, er ist tot", gab sie betrübt von sich.

Doch dann bewegte sich hinter der Scheibe auf einmal ein Flügel. Dann noch einer und dann setzte sich der fremde Vogel mit einem Ruck auf. Sie blickten sich mit aufgerissenen Augen an, keiner sagte ein Wort.

Nach einigen Momenten fasste sich der grüne Vogel mit dem Flügel an den Kopf, begann zu taumeln und fiel rückwärts die Fensterbank hinunter. Clara fuhr erneut zusammen, während Charlie immer größere Augen bekam. Kurz darauf hörten sie heftiges Flügelschlagen, dann schoss der Vogel durch die Tür und setzte genau vor ihnen auf dem Balkongeländer auf.

„Hi, ich bin Eddie!", stellte er sich vor.

Eddie war ein Wellensittich und ein ganzes Stückchen kleiner als Charlie und Clara. Mit seinen acht Jahren war er allerdings wesentlich älter als die beiden Nymphensittiche.

„Hast du dir nicht wehgetan?", wollte Clara wissen.

Eddie musterte sich von oben bis unten und streckte einmal seinen ganzen Körper.

„Mein Kopf brummt ein bisschen, sonst scheint aber alles gut zu sein."

„Warum seid ihr denn in die Wohnung geflogen?"

„Das war die glorreiche Idee von dem anderen Typen! Der

Halunke hatte mir einen Wurm weggeschnappt und ich habe versucht, ihn zurückzuholen."

Eddie betrachtete die zwei Vögel, wie sie hinter den Gitterstäben auf den Stangen saßen. „Lebt ihr schon lange im Käfig?"

„Schon immer", antwortete Charlie knapp. „Und du? Wo lebst du denn?"

„Da vorne: im Wald!"

„Echt?", staunte Clara.

„Echt! Ich würde euch ja gerne zu mir einladen, aber das könnte schwierig werden. Oder kommt ihr ab und zu raus?"

„Hier draußen auf dem Balkon nicht."

„Das habe ich mir gedacht."

Der Wind wurde etwas stärker und die Sonne nahm langsam einen rötlichen Ton an.

„Hey Leute, ich muss los!", sagte Eddie. „Ich muss mir noch etwas zu essen suchen, bevor es dunkel wird."

„Viel Erfolg!", wünschte ihm Charlie. „Und komm doch mal wieder vorbei, wir würden uns freuen."

„Mach ich! Tschüss!"

Dann sprang er vom Geländer und verschwand als schwarze Silhouette am Himmel.

Balkongespräche

Charlie und Clara saßen auf ihren Sitzstangen und genossen die sommerliche Abendluft. Ihre Blicke waren auf Herrn Thomas gerichtet, der direkt neben ihnen stand. Er hatte drei Gläser, eine rosa Flasche und eine weiße Schale mit Nüssen auf den kleinen Tisch gestellt. Seit geraumer Zeit verschob er die Gegenstände immer wieder. Ab und zu trat er einen Schritt zurück und betrachtete sein Kunstwerk, dann ging er wieder zum Tisch und veränderte erneut die Anordnung.

Es klingelte an der Wohnungstür. „Ich mach schon auf!", rief Fräulein Sarah vom Wohnzimmer aus.

Ein letztes Mal überprüfte Herr Thomas die Tischordnung. Kurz darauf erschien Fräulein Sarah mit Herrn Palowski und dessen Enkeltochter auf dem Balkon.

„Sie wollte noch mal kurz dem Vogel hallo sagen, bevor ihre Mutter sie gleich abholt. Ich hoffe, das ist in Ordnung."

„Natürlich!"

Herr Thomas hatte Herrn Palowski auf einen Aperitif eingeladen, um sich dafür zu bedanken, dass er ihm bei Claras Unfall geholfen hatte.

„Was möchtest du trinken?", fragte er das Mädchen.

„Haben Sie Apfelsaft?"

„Na klar!"

Er verschwand in der Küche und kam wenig später mit einem Glas Saft zurück. Als Nächstes öffnete er die Flasche Wein und schenkte Fräulein Sarah, Herrn Palowski und sich selbst ein. Das kleine Mädchen nippte bereits an seinem Apfelsaft und beobachtete die zwei Nymphensittiche. Dann ließ es seinen Blick nach draußen wandern zu einigen Vögeln, die oben am Himmel weite Kreise zogen.

„Opa?"

„Ja?"

„Warum muss Charlie mit seiner Freundin im Käfig leben?"

„Das ist eine gute Frage", begann ihr Großvater. „Die Schuld daran haben leider die Menschen, weil sie einfach gerne Haustiere haben."

„Und warum wollen sie Haustiere haben? Sie könnten die Tiere doch auch im Freien beobachten. So wie die!"

Sie zeigte auf die Vögel, die in der Ferne durch die Luft schwebten.

„Ja, aber die Menschen wollen immer alles besitzen. Auch die Tiere."

„Das ist aber doch gemein!", erwiderte sie, während sie Charlie und Clara einen mitleidigen Blick zuwarf.

„Da hast du vollkommen recht", stimmte ihr nun auch Fräulein Sarah zu. „Menschen kann man ja auch nicht besitzen! Und Menschen wären auch nicht glücklich, wenn man sie ins Badezimmer einsperren würde."

„Ins Badezimmer?", fragte Herr Thomas stutzig.

„Genau, ins Badezimmer! So ein Vogel fliegt normalerweise viele tausend Kilometer im Jahr. Verglichen damit wäre es das Gleiche, wenn man einen Menschen in einen kleinen Raum sperren würde. Stell dir das mal vor, ein ganzes Leben auf dem Klo!"

„Das wäre nicht so schön", gab Herr Thomas zu. „Aber ganz ehrlich: Ich finde nicht, dass die beiden Vögel traurig aussehen."

„Woher willst du denn wissen, ob sie traurig sind oder nicht?"

„Da kann ich umgekehrt auch fragen: Woher willst du wissen, ob sie draußen glücklich wären?"

Die vier betrachteten die zwei Käfiginsassen.

„Ist doch gar nicht so schlecht da drinnen", sagte Herr Thomas. „Viele Menschen träumen von so einem Leben: keine Verpflichtungen, keine Geldnot, kein Stress. Wie im wohlverdienten Ruhestand!"

Fräulein Sarah starrte Herrn Thomas mit offenem Mund an. „Das meinst du doch nicht ernst, oder? Glaubst du, Vögel wollen gerne ein Leben als brave Rentner führen?"

„Alle vielleicht nicht, einige aber bestimmt schon."

Sie schüttelte den Kopf. „Was, wenn hinter den Gittern Sklaven sitzen würden oder Leute im Gefängnis – würden die für dich auch zufrieden aussehen?" Fräulein Sarah ließ nicht locker.

„Wahrscheinlich nicht."

„Aha."

Kollektives Schweigen.

„Was mir Hoffnung macht", ergriff Herr Palowski nach einer Weile das Wort, „ist, dass sich alles mit der Zeit ändert. Sehen Sie: Früher war es normal, Sklaven zu besitzen – heute ist das fast überall auf der Welt undenkbar. Niemand würde auf die Idee kommen, einen Sklaven bei sich im Garten zu halten! Vielleicht werden es die Menschen eines Tages also auch als Verbrechen ansehen, Tiere in Käfigen zu halten oder sie sogar zu töten."

„Mein Opa ist Vegetarier", fügte das Mädchen stolz hinzu.

Herr Thomas sah ihn verdutzt an.

„Echt?"

„Meistens", korrigierte Herr Palowski seine Enkeltochter. „Fleisch aus der Fabrik esse ich nicht mehr – das ist schlecht für mich, für das Tier und für die Umwelt auch. Wenn Sie mir einen wilden Hirsch servieren, dann lasse ich mit mir reden ..."

„Du würdest einen Hirsch essen?", fragte das Mädchen empört.

„Nur einmal im Jahr", versuchte er seine Enkelin zu beruhigen.

Sie warf ihm einen kritischen Blick zu. Kurz darauf klingelte es und sie sprang auf. „Das ist bestimmt meine Mama!"

„Bestimmt!"

„Tschüss!", rief sie Herrn Thomas und Fräulein Sarah zu, drehte sich noch einmal zu den beiden Vögeln um und wünschte ihnen: „Ich hoffe, ihr kommt bald frei! Macht's gut!"

Herr Palowski legte fürsorglich den Arm auf ihre Schulter und begleitete seine Enkeltochter zur Tür. Wenig später kehrte er alleine auf den Balkon zurück und setzte sich wieder an den Tisch. Während von draußen fröhliches Zwitschern ertönte, hockten Charlie und Clara stumm hinter den Gitterstäben.

„Die Frage ist in der Tat, warum wir überhaupt Vögel halten. Wir benutzen sie als Symbol für Freiheit und sperren sie in Käfige ein – ist das nicht absurd?"

Fräulein Sarah nickte bestürzt.

„Ein Käfig raubt einem Vogel die Flügel", fuhr Herr Palowski fort. „Das ist so, als würden sie einem Weltenbummler den Pass wegnehmen. Stellen Sie sich das mal vor: ein Leben ohne Reisepass!"

Herr Thomas rutschte unruhig auf seinem Stuhl hin und her.

„Und selbst wenn Sie nie wegfahren würden – alleine zu wissen, dass Sie es könnten, das reicht! Ein Vogel im Käfig hat diese Wahl nicht."

„Und ein Hamster im Rad auch nicht", fügte Fräulein Sarah hinzu, „genauso wenig wie ein Fisch im Aquarium."

Einige Augenblicke waren alle in Gedanken versunken.

„Ich glaube, dass viele Leute Haustiere haben, damit sie nicht so alleine sind."

„Das sehe ich auch so", stimmte Herr Palowski zu. „Das menschliche Herz vereinsamt immer mehr – wir brauchen Zuneigung, bekommen aber kaum welche! Mir hat mal ein Züchter gesagt, dass die Liebe, die man von einem Tier erhält, nur mit der Liebe der eigenen Mutter vergleichbar ist. Und da sich die Menschen gegenseitig viel zu sehr ärgern, holen sie sich die Liebe eben von den Tieren."

„Bei Hunden und Katzen kann ich das nachvollziehen", meldete sich nun Herr Thomas zu Wort, „aber Vögel? Oder Hamster? Glauben Sie wirklich, Leute halten diese Tiere, weil sie sich von ihnen geliebt fühlen?"

Er warf einen kurzen Blick zum Käfig.

„Meine Schwester hat mir einen Nymphensittich geschenkt, weil sie dachte, ich würde mich dann weniger einsam fühlen. Doch ganz ehrlich: Charlie ist bestimmt ein netter Kerl, aber er ersetzt keinen Menschen."

„Bei Ihnen mag das so sein", erwiderte Herr Palowski. „Aber in meiner Zeit als Tierarzt habe ich viele Menschen getroffen, die ein ganz inniges und liebevolles Verhältnis zu ihren Haustieren hatten. Nicht nur mit Hunden und Katzen, sondern mit ganz verschiedenen Arten: Vögel, Kaninchen, Schildkröten, Esel, Schweine, Ratten, Schlangen und sogar Spinnen. Einmal habe ich einen Hausbesuch bei einer Frau gemacht, die schlief mit einem Zwergkänguru im gleichen Bett – die Liebe kennt da keine Grenzen!"

Herr Thomas schüttelte ungläubig den Kopf.

„Aber wissen Sie, ein Tier zu halten, weil man dessen Liebe haben möchte, das kann man ja noch verstehen. Zumal die Tiere dann meistens nett behandelt werden. Aber was ist mit den ganzen Geschöpfen, die wir aus anderen Gründen einsperren, oft unter erbärmlichen Bedingungen? Was ist mit den Legehennen in vollgestopften Fabrikhallen? Was ist mit den Milchkühen im Stall und den Eisbären im Zoo?"

Stille.

„Die meisten von uns sind in einem Umfeld aufgewachsen, in dem es normal ist, Fleisch zu konsumieren und durch den Tierpark zu schlendern. Kaum jemand hinterfragt diese Normalität – ist das wirklich richtig so? Allzu oft geht unser Vergnügen nämlich auf Kosten von anderen: Um eine exotische Kreatur im Stadtzoo zu sehen, muss einem Tier die Freiheit genommen werden; damit wir ein Stück Fleisch genießen können, muss vorher ein Lebewesen sterben. Das erscheint mir nicht sehr fair!"

„Und dann sind da natürlich noch die Mäuse im Labor", ergänzte Fräulein Sarah. „Die haben auch ein Recht auf Freiheit!"

„Moment mal!", entgegnete ihr Herr Thomas sofort. „Wir reden hier über Tiere, nicht über Menschen. Da gibt es einige große Unterschiede. Wenn die Versuchstiere den Menschen helfen, Mittel gegen Krankheiten zu finden, dann finde ich das durchaus vertretbar."

Fräulein Sarah sah ihn böse an.

„Wie würdest du dich denn fühlen, wenn du jeden Tag eine Überdosis von irgendeinem Gift bekommen würdest? Oder Stromschläge? Oder wenn man dir einen Tumor implantieren würde, um zu sehen, ob er bei dir Schaden anrichtet?"

Herr Thomas schwieg. Was hätte er darauf auch antworten sollen?

„Natürlich gibt es Unterschiede", fing Herr Palowski diplomatisch an, „aber die Gemeinsamkeiten sind viel größer. Tierversuche haben auch nur Sinn, weil sich Tier und Mensch sehr ähnlich sind – ansonsten hätten Testergebnisse überhaupt keine Aussagekraft!"

Fräulein Sarah stimmte mit einem energischen Nicken zu. Sie schien sich zu freuen, dass ihr endlich mal jemand den Rücken stärkte.

„Mittlerweile ist auch bewiesen, dass Tiere Schmerzen empfinden und Depressionen haben können", sagte sie. „Tiere leiden genauso wie wir – da können wir sie doch nicht ständig ausnutzen und wie Dreck behandeln!"

Herr Thomas sah aus, als hätte er am liebsten das Thema gewechselt. Gegen zwei Vegetarier war er klar in der Unterzahl und was noch viel schlimmer war: Ihm fehlten schlagkräftige Argumente, um seine Position zu verteidigen. Wobei er unschlüssig war, ob er seine Position überhaupt verteidigen sollte.

„Es ist das alte Lied vom menschlichen Narzissmus", fuhr Herr Palowski fort. „Wir sind der Meinung, dass alles existiert, nur um uns zu dienen. Wir denken, wir sind schlauer, besser und wertvoller als andere Wesen. Doch ist das wirklich so?"

Er trank einen Schluck Wein.

„Die Kommunikation von Vögeln ist zum Beispiel viel besser entwickelt als die von uns Menschen. Was wir als einfaches und vielleicht sogar dummes ‚Piep' wahrnehmen, steckt für einen Vogel voller Informationen."

Die anderen beiden schauten ihn fragend an.

„Ganz einfach: Wenn Sie sagen: ‚Mir geht es heute nicht so gut, ich hätte gerne, dass du mich etwas in Ruhe lässt und später wiederkommst', dann muss ihr Gegenüber diese Worte erst aufnehmen und anschließend im Gehirn verarbeiten. Ein Vogel dagegen kann die gesamte Information in eine einzige Silbe verpacken.

Das ist so ähnlich wie beim Musikhören: Nach wenigen Tönen wissen Sie bereits, ob es sich um ein fröhliches oder trauriges Lied handelt. Sprache ist da weitaus komplizierter als Musik."

Er hielt einen Moment inne. „Was gibt uns also das Recht, zu denken, dass wir schlauer sind? Wir brauchen oft Ewigkeiten, um jemandem etwas mitzuteilen, und dann weiß der andere meistens immer noch nicht, wie wir uns wirklich fühlen. Aus der Sicht eines singenden Vogels sind wir wahrscheinlich diejenigen, die strohdumm sind!"

„Es wäre also eigentlich am besten", fasste Herr Thomas zusammen, „wenn wir alle Käfige abschaffen würden. Die Frage wäre dann nur, wohin mit den ganzen Tieren?"

„Ich glaube, damit das passiert, muss der Mensch sich erst einmal aus seinen eigenen Käfigen befreien", entgegnete Herr Palowski.

„Aber wir sitzen doch gar nicht hinter Gittern."

„Physisch nicht, das stimmt. Mental aber schon! Schauen Sie sich doch um: Wie viele Leute kennen Sie, die ehrlich sagen können, dass sie ein glückliches und freies Leben führen? Die meisten Menschen zwängen sich doch in Jobs, die sie nicht mögen, damit sie Häuser und Versicherungen bezahlen können, die das Leben weniger gefährlich erscheinen lassen. Fast alle von uns klammern sich an materiellen Besitz und verteidigen längst veraltete Glaubenssätze. Doch Besitz und Glauben sind wie ein schwerer Anker, der das Boot hindert, loszusegeln. Und das ist genau das Problem: Vor lauter Sicherheitswahn und Angst haben wir vergessen, wie man loslässt! Durch das ganze Festhalten haben wir uns unsere eigenen Käfige gebaut und in denen sind wir nun gefangen. Wie können wir also andere Kreaturen befreien, wenn wir selbst nicht frei sind?"

Für eine Weile herrschte Schweigen. Dann ergriff Fräulein Sarah das Wort: „Menschen, Tiere und sogar Bäume – sind nicht alle Wesen gleich viel wert? Und sollten nicht alle mit Respekt behandelt werden? Die ganze Massenproduktion, bei der immer mehr Tiere und auch Menschen in kleine Räume gesteckt werden, das ist doch einfach schrecklich! Für mich geht das gegen die Würde des Lebens, wir sind doch keine Maschinen!" Sie war so aufgebracht, dass sie den Tränen nah war. „Ich finde, kein Lebewesen verdient, eingesperrt zu sein!"

„Lassen Sie uns darauf anstoßen", sagte Herr Palowski sogleich. Er hob sein Glas und wartete auf Herrn Thomas, der allen noch etwas nachschenkte. Kurz darauf trafen sich die drei vollen Gläser in der Mitte über dem Tisch.

„Auf die Freiheit!"

Die drei redeten an diesem Abend noch lange weiter. Über Gefangenschaft und Freiheit, über Festhalten und Loslassen. Über Träume und das alltägliche Leben. Kurz vor Mitternacht verabschiedete sich Herr Palowski und wenig später zogen sich auch Herr Thomas und Fräulein Sarah in die Wohnung zurück. Es kehrte Ruhe ein.

Am nächsten Morgen erwachten Charlie und Clara und waren wieder alleine auf dem Balkon. Dunkle Wolken bedeckten den Himmel und ein frischer Wind wehte ihnen um den Schnabel. Nach einem ausgedehnten Frühstück säuberten sie sich gegenseitig und unterhielten sich eine Weile. Anschließend nahmen sie auf ihren Sitzstangen Platz und ließen ihren Blick langsam über den Horizont wandern. Es war zwar schön, draußen auf dem Balkon zu sein, aber auch hier glich jeder Tag dem nächsten. Sie durchlebten fast die gleiche Routine wie drinnen, nur die Aussicht war besser.

Der Wind wurde stärker, dann flaute er auf einmal ab und es begann zu regnen. Charlie und Clara saßen regungslos im Käfig und guckten still geradeaus. Während die ersten dicken Tropfen zu Boden fielen, erblickten sie in der Ferne einen kleinen Vogel, der hastig durch die Luft flog. Plötzlich rauschte er heran, landete auf dem Balkontisch, schlitterte und kam kurz vor dem Abgrund zum Stehen. Es war Eddie – der Wellensittich aus dem Wald!

„Das war knapp!", hechelte er.

„Ja, du wärst fast runtergefallen", sagte Clara.

Eddie drehte sich um und bemerkte, dass er sich genau an der Tischkante befand.

„Stimmt, das auch. Aber ich meinte eigentlich den Regen – ohne ein Dach über dem Kopf ist das nicht so lustig da draußen."

Er schüttelte sich einmal kräftig. Dann sprang er auf den Holzkrug, der auf dem Tisch stand, setzte sich auf den Rand und schaute zum Käfig.

„Na, wie geht's euch?"

„Gut!", antwortete Clara sofort. „Und dir?"

„Alles bestens!"

Charlie lächelte zur Begrüßung, sagte aber vorerst nichts. Brauchte er auch nicht – es gab schließlich Clara, die liebend gerne den Redepart übernahm.

„Darf ich dich was fragen, Eddie?"

„Klar doch!"

„Wieso lebst du im Wald?"

„Weil es mir da gefällt. Überall stehen riesige Bäume, auf denen ich herumklettern kann, und die Luft riecht immer ganz sauber. Außerdem gibt es viele kleine Höhlen, wo ich schlafen kann. Manchmal übernachte ich auch oben in einer Baumkrone!"

„Ganz alleine?", fragte Clara unsicher.

„Warum nicht? Wenn man dort morgens aufwacht, hat man einen gigantischen Blick!"

„Aber hast du denn keine Angst?"

„Nein. Warum sollte ich denn Angst haben?"

„Na, weil du ganz alleine im Wald bist. Was ist, wenn dir da etwas zustößt?"

„Wer sagt denn, dass ich alleine bin? Nachts beim Schlafen, ja. Aber ich lebe noch mit vielen anderen Vögeln zusammen und es gibt noch tausende andere Waldbewohner."

„Sind die alle nett?"

„Nicht alle. Manchmal muss ich vor dem großen Falken abhauen und neulich hat mich fast ein Fuchs gefressen."

Clara schluckte.

„Ach ja, und ein Freund wurde kürzlich von einer Baumratte verprügelt. Die war wütend gewesen, weil er ihr eine Himbeere geklaut hatte. Also war sie zu ihm in die Höhle gekommen und hatte sich gerächt."

„Aber dann ist es doch gefährlich, im Wald zu leben, oder?"

Eddie dachte kurz nach, dann schüttelte er den Kopf.

„Nein, eigentlich nicht. Man muss aufpassen, das stimmt, und es ist natürlich gefährlicher als im Käfig."

Er hielt einen Moment inne und blickte über das Balkongeländer, dorthin, wo der Regen herkam. Seine Augen begannen, zu leuchten.

„Aber dafür bin ich völlig frei! Ich kann jeden Tag machen, was ich will."

Charlie sah ihn neidisch an. Nur allzu gerne hätte er gewusst, wie es sich anfühlte, frei zu sein.

„Und was isst du da draußen?", erkundigte sich Clara weiter.

„Verschiedenes: Würmer, Samen, Blätter. Wenn man geduldig sucht, findet sich immer irgendetwas."

„Und wenn nicht?"

„Dann habe ich eben einen Tag Hunger, das ist auch nicht tragisch."

Clara wollte etwas sagen, doch plötzlich musste sie niesen.

„Hatschi!"

Erst einmal, dann zweimal und schließlich fünfmal hintereinander. Sie hatte sich durch den Umzug auf den Balkon erkältet.

„Tja, in diesem Teil der Welt muss man sogar im Sommer auf die Sonne warten!", stellte Eddie nüchtern fest.

Alle drei guckten nach draußen, schwiegen und hörten eine Weile dem prasselnden Regen zu. Dann meldete sich Charlie zu Wort.

„Lebst du schon immer im Wald?"

„Nein. Früher war ich auch in einem Käfig eingesperrt, mitten in der Stadt."

„Und wie bist du da herausgekommen?"

„Das war vor ein paar Jahren, als ich ebenfalls einen Sommer auf dem Balkon verbracht habe so wie ihr jetzt. Eines Tages hatte jemand die Käfigtür nicht richtig zugemacht, da bin ich direkt abgehauen."

Eddie begann, von seiner Flucht zu erzählen: „Anfangs habe ich nur graue Hausdächer und Straßen unter mir gesehen. Ich war gezwungen, dreckiges Wasser zu trinken, und tagelang habe ich nichts zu essen gefunden. Nachts war es kalt und ich war schrecklich müde, doch aus Angst vor Katzen und Hunden habe ich fast gar nicht geschlafen. Ständig musste ich ums Überleben kämpfen!

Nach und nach wurde es aber besser. Zuerst habe ich eine Weile in einem kleinen Park gelebt und dort habe ich dann andere Flüchtlinge getroffen, die mir von dem Wald erzählt haben."

„Gibt es denn viele Vögel, die ausbrechen? So wie du?", wollte Charlie wissen.

„Früher nicht, aber in letzter Zeit werden es immer mehr. Neulich war ich noch mal in dem Park – damals war dort fast nichts los, jetzt findet man auf den Bäumen nachts aber kaum noch einen ruhigen Platz."

Er zögerte kurz. „Was ist denn mit euch? Wollt ihr nicht auch raus?"

„Ich weiß nicht", fing Clara an, „so schlecht finde ich das Leben im Käfig gar nicht. Hier ist es wenigstens sicher."

„Aber auch ziemlich langweilig, oder?", konterte Eddie sofort.

Sie starrte ihn an, als verstünde sie nicht, was er meinte. Charlie nickte.

„Also ich würde gerne mal rauskommen", sagte er. „Aber ich weiß nicht, wie das gehen soll. Ich muss wohl warten, bis jemand die Tür auflässt."

„Dafür brauchst du viel Geduld. Und Glück!"

„Gibt es denn noch eine andere Möglichkeit?", wunderte sich Charlie.

„Ja. Du könntest versuchen, zu fliehen."

„Wie soll ich das denn machen?"

„Manchmal wird doch bestimmt die Tür aufgemacht, zum Beispiel wenn ihr Essen bekommt oder wenn der Käfig sauber gemacht wird."

Charlie schüttelte enttäuscht den Kopf. Doch dann fiel ihm etwas ein. „Moment mal!", dachte er laut. „Wenn die Badeschüssel reingestellt wird, dann ist tatsächlich kurz die Tür auf. Das passiert zwar nicht oft, ab und zu aber schon."

„Na also! Jetzt weißt du, was du am nächsten Badetag zu tun hast."

Charlie spürte ein leichtes Kribbeln im Bauch und war sich nicht sicher, ob es durch Hoffnung oder Angst ausgelöst worden war.

„Sag mal Eddie", mischte sich Clara ein, „vermisst du denn deinen Käfig nicht? Willst du nie zurück?"

„Warum soll ich denn zurückwollen?"

„Es war doch dein Zuhause."

„Ja, aber ich war dort nie richtig glücklich. Oder besser gesagt: Ich wusste da noch nicht, wie glücklich ich sein kann."

Clara sah ihn wieder an, als würde sie ihn nicht ganz verstehen.

„Wie fühlt es sich denn an, richtig glücklich zu sein?", fragte Charlie neugierig.

„Wahres Glück fühlt sich wunderbar an", begann Eddie zu schwärmen. „Leicht und lebendig und frei! Hier draußen gibt es keine Gitterstäbe und keine Tür, es ist ein ganz anderes Leben. Es gibt keinen Schutz, aber dafür auch keine Grenzen."

Sie schwiegen einen Moment.

„Ich glaube, es sind genau diese fehlenden Grenzen, die mir manchmal Angst machen", gab Charlie zu. „Wer weiß, was alles passieren kann ..."

„Das ist doch genau das Schöne am Leben: dass alles möglich ist! Natürlich kann auch mal etwas schiefgehen, aber dafür machst du viele wunderbare Erfahrungen, die du hinter Gittern nie erleben würdest."

Eddie dachte nach. „Das Problem ist, dass du nicht weißt, was du draußen verpasst. Denn wenn du einmal wahre Freiheit gekostet hast, dann willst du nichts anderes mehr. Und dann bist du auch bereit, ein höheres Risiko zu akzeptieren. Ich würde den Wald jedenfalls für nichts in der Welt eintauschen. Vor allem nicht für einen Käfig!"

Einige letzte Tropfen fielen zu Boden. Die Regenwolken machten einem blauen Himmel Platz und die ersten Sonnenstrahlen des Tages fielen auf den Balkon.

„So, ich werde mal weiterfliegen. Vielleicht komme ich morgen wieder vorbei."

„Mach das!", sagte Charlie.

„Tschüss", fügte Clara hinzu.

Eddie schenkte beiden ein Lächeln. „Danke für den Unterschlupf! Und wenn ihr die Chance habt, rauszukommen, dann traut euch – es gibt keinen Grund, vor der Freiheit Angst zu haben."

Fliegen wie ein Vogel

Eddie kam von nun an fast jeden Tag zu Besuch – egal, ob es regnete oder die Sonne schien. Er erzählte den beiden Käfiginsassen vom Leben im Wald und von all den Höhen und Tiefen, die er draußen in der Freiheit erlebte.

Clara liebte seine Geschichten. Sie fieberte mit, wenn es aufregend wurde, und lachte über die lustigen Situationen, denen er begegnete. Wenn Eddie von schwierigen Zeiten berichtete, dann konnte sie sein Leiden nachempfinden und manchmal sammelten sich sogar einige Tränen in ihren Augen. Sie bewunderte seinen Mut und war völlig fasziniert von seinen Erfahrungen. Allerdings hatte sie kein Verlangen danach, mit ihm zu tauschen. Für Clara waren seine Geschichten wie eine tägliche Fernsehserie: Gespannt saß sie auf ihrer Stange und verfolgte jede neue Episode!

Charlie freute sich ebenfalls, wenn Eddie vorbeikam und für etwas Unterhaltung sorgte. Auch er war in der gleichen, bequemen Lage wie Clara: Aus sicherer Entfernung konnte er dem wilden Leben lauschen, ohne selbst ein Risiko eingehen zu müssen. Doch je länger er Eddie zuhörte, desto mehr sehnte er sich danach, die Geschichten aus nächster Nähe zu erleben. Charlie wollte mehr! Er wollte nicht immer nur alles erzählt bekommen und zugucken. Er wollte heraus, und zwar richtig heraus – viel weiter als das Wohnzimmer! Ein Abenteuer am eigenen Leib spüren, mitmachen, dabei sein. Den Wald entdecken und hoch oben über den Wolken schweben!

Viel zu lange hatte er die Welt immer nur aus der Ferne gesehen. Kaum ein Tag verging, an dem er sich nicht fragte, wie es wohl wäre, wenn er einfach losfliegen könnte. Wie würde er sich fühlen, wenn es keine Gitterstäbe zwischen ihm und dem Himmel gäbe?

Charlie war froh, dass er einen größeren Käfig bekommen hatte und dass Clara ihm Gesellschaft leistete. Er hatte die Flüge zum Bücherschrank und das Kreisen um die Lampe genossen und er war dankbar, dass er den Sommer draußen auf dem Balkon verbringen durfte. Aber all das änderte nichts an der Tatsache, dass er immer noch gefangen war.

Wenn Eddie von seinem Leben in Freiheit sprach, dann hatte er immer ein seltsames und doch wundervolles Glitzern in den Augen. Es war, als wollte sein tiefes Inneres etwas ausdrücken, für das es keine Worte gab. Charlie war sich sicher, dass man dieses Glitzern nicht vom Zuhören bekommt – man muss es selbst finden! Die Frage ist nur: Wie?

Sein größtes Problem war natürlich, dass er eingesperrt war. Aus eigener Kraft konnte er die Tür nicht öffnen und so blieb ihm nichts anderes übrig, als geduldig zu warten. Vielleicht würde sich am nächsten Badetag tatsächlich eine Möglichkeit zur Flucht bieten. Doch selbst wenn der Wind höchstpersönlich die Tür erneut öffnen würde – Charlie war sich nicht sicher, ob er bei der nächsten Gelegenheit den nötigen Mut aufbringen würde, um den Schritt hinaus in die weite Welt zu wagen. Der Wille war da, aber er wusste nicht, wie er im entscheidenden Moment seiner Angst Herr werden sollte. Er wusste nur, dass er keine Lust mehr hatte, drinnen gefangen zu sein, während draußen die aufregenden Dinge ohne ihn stattfanden.

Manchmal ärgerte er sich noch über die verpasste Gelegenheit aus dem letzten Sommer. Wäre er nicht so verdammt schüchtern und ängstlich, dann wäre er längst frei und hätte wahrscheinlich schon seine eigene Baumhöhle im Wald bezogen. Stattdessen musste er nun darauf hoffen, dass bei der nächsten Chance seine Neugierde auf ein Abenteuer größer sein würde als die Furcht vor dem Unbekannten. Bis dieser Moment jedoch irgendwann eintreffen würde, konnte er den Käfig nur auf eine Art und Weise verlassen: mithilfe seiner Vorstellungskraft! Und genau das tat er – Charlie begann, von grenzenloser Freiheit zu träumen. Jeden Tag etwas mehr.

Es war Anfang Juli. Die letzten Lichtstrahlen verschwanden gerade am Abendhimmel und eine milde Brise verbreitete den Wunsch nach endlosem Sommer. Überall herrschte Ruhe und Zufriedenheit – überall, außer im Kopf von Herrn Thomas!

Zusammen mit Fräulein Sarah hatte er einen langen Sonntagsausflug gemacht. Alles war prima gelaufen, bis sie sich auf dem Rückweg gestritten hatten. Der Grund? Fräulein Sarah hatte ihn zum wiederholten Male auf die bevorstehende Reise angesprochen. Sie hatte wissen wollen, ob er nun mitkommen wollte oder nicht. Wie schon zuvor hatte Herr Thomas ihr gesagt, dass er sich noch nicht entschieden hatte. Daraufhin war Fräulein Sarah der Geduldsfaden gerissen und sie hatte ihm vorgeworfen, dass er immer nur mit blöden Ausreden um die Ecke käme und wahrscheinlich noch nie ernsthaft darüber nachgedacht habe, sie zu begleiten. Herr Thomas hatte sich genauso verteidigt, wie er es immer tat: Er hätte Verpflichtungen und könnte nicht einfach alles stehen und liegen lassen, nur um die Welt zu bereisen. Die Diskussion war hin und her gegangen, bis Fräulein Sarah ihn schließlich eine ‚feige Sau' genannt hatte. Von da an hatte Herr Thomas geschwiegen und sich beleidigt hinter dem Steuer verkrochen. Zurück in der Stadt hatte er die junge Dame vor dem Haus ihrer Eltern abgesetzt und war alleine in seine Wohnung gefahren.

Seit seiner Rückkehr verbrachte er nun schon über eine Stunde damit, das Wohnzimmer aufzuräumen. Dabei gab es gar nichts aufzuräumen! Wie besessen lief er auf und ab und verrückte alle beweglichen Gegenstände, die er finden konnte. Es war ein klares Zeichen, dass etwas in seinem Leben nicht in Ordnung war.

Schon seit geraumer Zeit fühlte er sich nicht richtig wohl. Tief im Inneren spürte er eine brodelnde Sehnsucht, doch er wusste nicht, wonach. Es war wie ein Verlangen nach etwas, das er noch gar nicht kannte. Sein gesamtes Freizeitprogramm – Sport, Bücher, Fernsehen, Konzerte – alles schön und gut, doch leider war es nicht genug. Es waren Beschäftigungen, die ihn von der Eintönigkeit seines Jobs ablenkten, mehr aber auch nicht. Wie farblose Tupfer auf einer grauen Wand schafften sie es nicht, sein Leben bunter zu machen.

Selbst gegenüber Fräulein Sarah hatte Herr Thomas eingestehen müssen, dass sein Alltag bei Weitem nicht so spannend war wie die Krimis, die er so gerne las. Doch was sollte er tun? Er war in seiner sicheren Routine gefangen und wusste nicht, wie er herauskommen sollte.

Um kurz nach elf korrigierte er ein letztes Mal die Position der Fernbedienung, dann seufzte er einmal laut und ging hinaus auf den Balkon. Er stellte sich ans Geländer und blickte in Richtung Sternenhimmel.

Fräulein Sarah sagte ihm immer, dass man seine Wohlfühlzone verlassen musste, um wahres Glück zu finden. Außerdem meinte sie, dass es eine Sünde sei, wenn man unglücklich war und etwas ändern konnte, doch dies nicht tat. Vielleicht hatte sie damit recht.

In Gedanken versunken drehte er sich zum Käfig um. Clara schlief tief und fest, Charlie hingegen war noch wach.

„Vielleicht sollte ich sie wirklich begleiten? Raus in die Welt – ein richtiges Abenteuer! Was meinst du?"

Er guckte den kleinen Vogel an, als wartete er auf eine Antwort. Charlie starrte schweigend zurück.

„Vielleicht ist es genau das, was mir fehlt?"

Tier und Mensch schauten sich gegenseitig in die Augen. Der eine befand sich in einem echten Käfig, der andere war hinter geistigen Gitterstäben gefangen. Ohne es zu wissen, dachten beide genau dasselbe: ‚Was würde ich dafür geben, frei zu sein ...'

Wenig später erlosch das Licht im Wohnzimmer und Ruhe kehrte ein.

Auf der Suche nach Sicherheit

Am nächsten Morgen klingelte um halb sieben der Wecker. Herr Thomas kroch unmotiviert aus dem Bett, kippte eine Tasse Kaffee in sich hinein und fuhr im dichten Verkehr zur Arbeit. Beim Einwohnermeldeamt angekommen, trank er einen weiteren Kaffee, begrüßte die Kollegen und setzte sich auf seinen Platz, um die nächsten acht Stunden immer wieder die gleichen Fragen zu beantworten und flüchtig ausgefüllte Formulare zu überprüfen. Alles deutete auf einen völlig normalen Montag hin. Doch dann, kurz vor der Mittagspause, machte er zu seiner eigenen Überraschung etwas, das er noch nie zuvor getan hatte: Das erste Mal in seinem Leben beantragte er einen Reisepass, und zwar für sich selbst!

Auf dem Balkon hatten Charlie und Clara derweil den Vormittag so verbracht, wie sie die meisten anderen Vormittage auch verbrachten: Nach einem ausgedehnten Frühstück waren sie eine Weile im Käfig herumgeklettert und dann hatten sie stundenlang das Treiben am Himmel beobachtet, bevor sie um kurz vor zwei eingeschlafen waren.

Charlie träumte von einem langen Flug unter strahlend blauem Himmel. Unter ihm war kein einziges Haus zu sehen, nur weite Felder, Wälder und klare Flüsse. Er fühlte sich rundum glücklich und es kam ihm vor, als wäre er eine Ewigkeit unterwegs. Als er Hunger verspürte, setzte er zum Sinkflug an und landete auf dem ersten Baum, den er sah. Dann kam er aus dem Staunen nicht mehr heraus: An jedem Zweig baumelten unzählige Hirsestangen! ‚Was für ein Glück!‘, freute er sich. ‚Das wird ein Festschmaus werden!' Doch gerade als er anfangen wollte, über den gefundenen Schatz herzufallen, begann der ganze Baum, wild zu schwanken. Charlie blickte verwirrt um sich: Die Hirsestangen schienen allesamt zu tanzen! Plötzlich gab es einen dumpfen Knall und ein Windstoß traf seinen Kopf. Er riss die Augen auf – die Gitterstäbe wackelten! Herr Thomas stand draußen und machte gerade die Käfigtür zu. Charlie blickte nach unten und sah das Wasser in der randgefüllten Badeschale hin- und herschwappen.

„Mist!", dachte er laut. „Da war der Moment gewesen!"

„Welcher Moment?", wollte Clara wissen.

„Na, der Moment zur Flucht!"

„Du willst doch nicht wirklich fliehen, oder?"

Doch, das wollte er! Zumindest sein Herz wünschte sich nichts sehnlicher.

„Ich will es auf jeden Fall probieren."

Er hielt kurz inne. Hatte er die Chance tatsächlich verpasst? „Warte! Nachher muss die Schale doch wieder raus – vielleicht klappt es dann."

Clara starrte ihn fassungslos an. „Echt jetzt? Du bist doch verrückt!"

Charlie ignorierte sie und begutachtete seinen möglichen Fluchtweg. Wenn er auf der mittleren Stange sitzen würde, ganz nah an der Tür, dann könnte er vielleicht genau in dem Moment entkommen, wenn die Badeschale herausgenommen wurde. Er merkte, wie seine Brust zu pochen anfing. War es jetzt wirklich soweit? Würde er sich dieses Mal trauen und würde die Flucht gelingen?

„Lass lieber die dummen Gedanken und komm mit baden", rief ihm Clara zu, während sie die Käfigwand hinabstieg.

Charlie zögerte kurz, dann kletterte er ihr hinterher. Die Tür würde sowieso erst später wieder aufgehen, etwas Ablenkung würde ihm in der Zwischenzeit sicherlich guttun. Außerdem würde er dann als sauberer Vogel die freie Welt betreten!

Die zwei planschten eine Weile im flachen Wasser und reinigten ihre Federn und Füße. Als sie fertig waren, kehrten sie auf ihre jeweilige Sitzstange zurück und warteten.

„Und du willst ernsthaft abhauen?", vergewisserte sich Clara.

„Ja!", sagte Charlie. Dabei klang er viel überzeugter, als er sich in Wirklichkeit fühlte.

„Was ist, wenn du von der Tür eingequetscht wirst, so wie mir das passiert ist?"

Charlie schluckte einmal und versuchte, diese Möglichkeit sofort wieder zu vergessen.

„Und wo willst du dann überhaupt hin?"

„Weiß ich noch nicht", erwiderte er gereizt. Das bange Warten tat seinem Nervenkostüm gar nicht gut.

Clara wollte schon die nächste Frage stellen, da ertönten plötzlich Geräusche aus der Wohnung. Beide lauschten angespannt. Einige Augenblicke später ging die Balkontür auf und Herr Thomas kam geradewegs auf den Käfig zu. Charlie hielt den Atem an – es war soweit!

„Überleg es dir noch mal! Bitte!" Clara unternahm einen letzten Versuch, ihn von seinem Vorhaben abzubringen. „Das kann echt schiefgehen!", warnte sie ihn.

Doch Charlie hörte sie schon nicht mehr. Er war vollkommen auf die Hand von Herrn Thomas konzentriert. Sie kam langsam näher, beschleunigte und öffnete schließlich mit einem schnellen Griff die Tür. Wie eine Schlange glitt der Menschenarm in den

Käfig und verdeckte dabei völlig den Ausgang. Anschließend ging es in die andere Richtung und die Wasserschale zog an seinem Kopf vorbei. Und dann war sie plötzlich da, genau vor ihm: die Lücke zwischen der Schale und den Gitterstäben. Charlie holte tief Luft und setzte zum Sprung in die Freiheit an.

„Pass auf!", brüllte ihn Clara von der Seite an.

Für den Bruchteil einer Sekunde zögerte er – und dann war es zu spät. Zack!, die Tür schlug direkt vor seinen Augen zu und die Chance zur Flucht verschwand zusammen mit Herrn Thomas in der Wohnung. Charlie blieb wie versteinert auf seiner Stange sitzen.

„Was bin ich froh, dass du hier geblieben bist!", sagte Clara sichtlich erleichtert. „Stell dir vor, du hättest dich verirrt – was hättest du denn dann gemacht?"

Keine Antwort.

Charlie starrte auf die geschlossene Tür und konnte nicht glauben, dass er es schon wieder nicht geschafft hatte, rechtzeitig seine Ängste und Zweifel zu überwinden. Jetzt musste er wieder warten, bis sich die nächste Möglichkeit bieten würde. Warten, immerzu warten! Er hätte seine Verzweiflung am liebsten herausgeschrien, doch selbst dafür war er zu niedergeschlagen. Was, wenn es keine nächste Möglichkeit gäbe? Oder wenn er sich auch beim nächsten Mal gar nicht oder erst viel zu spät trauen würde loszufliegen?

Während er sich selbst bemitleidete, kam Eddie angesegelt und landete auf dem Balkontisch.

„Hallo zusammen!"

„Hallo!", grüßte Clara zurück.

Eddie sah Charlie und wusste sofort, dass etwas nicht stimmte.

„Was ist passiert?"

Charlie guckte ihn an, war aber weiterhin nicht in der Lage, auch nur einen Ton von sich zu geben. Eddie blickte fragend zu Clara.

„Er wollte abhauen. Heute war Badetag, da war die Tür kurz auf."

„Und?"

„Er ist sitzen geblieben und dann war die Tür wieder zu und jetzt redet er nicht mehr."

Eddie drehte sich kurz zu Charlie um, wandte er sich dann aber wieder zu Clara.

„Hat er denn versucht abzuhauen?"

„Nein. Ich glaube, er wollte auch gar nicht mehr und ..."

„Natürlich wollte ich!", fiel ihr Charlie wütend ins Wort. Mit einem Mal hatte er seine Stimme wiedergefunden. „Aber du musstest mich ja ablenken!"

„Ich habe doch nur gesagt, dass du aufpassen sollst", gab sie unschuldig zurück.

„Das hat aber gereicht! Jetzt sitze ich immer noch hier drinnen fest – nur wegen dir!"

Alle drei verstummten. Charlie seufzte tief und drehte sich schließ zu Clara, die beleidigt in ihrer Ecke kauerte.

„Tut mir leid. Es ist nicht deine Schuld, ich bin einfach wütend auf mich selbst."

Wieder herrschte Stille. Charlie hätte sich gewünscht, dass er irgendwo ganz alleine gewesen wäre. Aber noch nicht einmal das war in dem verdammten Käfig möglich!

„Warum sollte er denn aufpassen?", wollte Eddie nach einer Weile von Clara wissen.

„Wegen der Tür! Und draußen auch, da ist es schließlich gefährlich."

„Meinst du denn, bei euch im Käfig ist es nicht gefährlich?"

Sie guckte ihn verdutzt an.

„Hier? Natürlich nicht! Hier sind wir doch geschützt."

„Da wäre ich mir nicht so sicher ..."

„Aber was soll uns denn hier passieren?", wunderte sich Clara.

Eddie holte einmal tief Luft und begann zu erzählen: „Als ich selbst noch eingesperrt war, habe ich mal eine Zeit lang mit einigen anderen Vögeln zusammengelebt. Einer davon war viel älter als wir anderen und hatte schon sein ganzes Leben hinter Gittern verbracht. Er hatte uns immer überzeugen wollen, dass der Käfig viel mehr Vor- als Nachteile hatte. Und vor allem hatte er uns immer eingetrichtert, dass der Käfig der einzige Ort war, an dem man sich völlig sicher fühlen konnte. Dann kam der Sommer und wir sind auf den Balkon umgezogen so wie ihr."

„Und dann?", fragte Clara gespannt.

„Dann haben wir eines Tages Besuch bekommen: von einem wilden Vogel, der größer war als wir alle zusammen! Früh am Morgen ist er plötzlich oben auf dem Käfig aufgetaucht und hat mit seinen riesigen Krallen nach uns gegriffen. Wir konnten alle entwischen – alle, außer dem alten Vogel."

Wieder schwieg Eddie.

„Was ist passiert? Sag schon!", drängte Clara.

„Der wilde Vogel hat ihm mit seinen Krallen den Kopf abgerissen. Direkt vor unseren Augen!"

Clara erschrak und vergrub ihre Augen hinter ihren Flügeln. „Das ist ja schrecklich!"

„Es war in der Tat kein schöner Anblick", fuhr Eddie fort, „aber wir haben alle etwas sehr Wichtiges gelernt: Ganz gleich, wo du lebst und was du machst, du bist nie sicher! Noch nicht einmal im Käfig."

Graue Wolken verdeckten die tief stehende Abendsonne, Dunkelheit breitete sich aus.

„Hier drinnen ist es aber trotzdem nicht so gefährlich wie draußen", merkte Clara an.

„Das stimmt. Aber du zahlst einen hohen Preis, denn für ein bisschen weniger Gefahr musst du deine gesamte Freiheit opfern."

Eddie ließ seinen Blick zum Horizont wandern. „Die Wolken, der Wald, das Leben – alles befindet sich im konstanten Wandel. Schaut euch doch nur um, dann werdet ihr selbst sehen, dass nichts bleibt, wie es ist. Von einem Moment auf den anderen kann sich immer alles ändern und wir können nichts dagegen tun! Deswegen ist es völlig sinnlos, an einem Gefühl von Sicherheit festzuhalten – denn Sicherheit existiert überhaupt nicht!"

Alle drei schwiegen.

Charlie musste an den alten Vogel denken. Er selbst wollte nicht so enden – er wollte weder den Kopf abgerissen bekommen noch ein Leben lang in Gefangenschaft verbringen. Doch was sollte er tun? Die Tür war wieder verschlossen und alleine konnte er sie nicht öffnen.

„Wie soll ich hier bloß rauskommen?", fragte er verzweifelt.

„Hab Geduld, früher oder später wird sich eine Möglichkeit bieten."

„Und wenn nicht?" Charlie klang, als wolle er aufgeben.

„Vielleicht musst du dich zuerst entscheiden, ob du wirklich raus willst. Denn wenn du einmal den Käfig verlässt, dann wird dein Leben nie wieder so sein, wie es vorher war."

Eddie schaute ihm direkt in die Augen.

„Bevor du den ersten Schritt in die Freiheit machen kannst, musst du das alte Leben loslassen!"

Stille. Nur ein leichter Windzug war zu hören. Dann fuhr er fort: „Durch das Loslassen verlierst du Angst und gewinnst neuen Mut. Sobald du also bereit bist, dich von deinem alten Leben zu trennen, wirst du dich auch trauen, frei zu sein."

„Aber selbst wenn ich allen Mut der Welt hätte – jetzt gerade kann ich an meiner Situation nichts ändern! Ich kann nur warten und hoffen und träumen. Ich will aber nicht mehr warten!", stöhnte Charlie frustriert.

„Dann hör auf", erwiderte Eddie.

„Und was soll ich stattdessen machen?"

„Vertrauen! Es ist das Beste, was du tun kannst. Manchmal ist es sogar das Einzige. Vertraue darauf, dass es das Leben gut mit dir meint und dir immer wieder eine neue Chance geben wird."

Einige Tage später lagen Herr Thomas und Fräulein Sarah nebeneinander auf dem Sofa. Die Sommersonne hatte nicht nur die grauen Wolken vertrieben, sondern auch dafür gesorgt, dass sich die beiden nach ihrem Streit schnell wieder vertragen hatten. Herr Thomas hatte bisher allerdings verschwiegen, dass er einen Reisepass beantragt hatte.

„Angenommen, ich würde nicht mitkommen auf die Reise – könntest du dir vorstellen, hier zu bleiben, wenn ich dich darum bitten würde?"

Sie sah ihn regungslos an. „Meinst du das im Ernst?"

„Klar! Ist doch eigentlich das Gleiche, nur andersherum: Entweder fahren wir zusammen weg oder wir bleiben zusammen hier."

Fräulein Sarah begann zu lachen, verstummte dann aber sofort wieder.

„Du könntest ein oder zwei Monate verreisen", schlug Herr Thomas vor, „und anschließend kommst du zurück, suchst dir einen Job und ziehst bei mir ein."

„Du fragst mich, ob ich mir ein Leben als Beamtenfrau wünsche?"

„Also ein Heiratsantrag ist es nicht, aber mein Zimmer mit dir teilen – warum nicht?"

Sie lächelte, konnte sich aber mit der Idee nicht wirklich anfreunden. „Ich weiß nicht, ob ich fest an einem Ort sein kann. Vielleicht irgendwann mal, vorerst aber noch nicht."

„Reizt es dich denn gar nicht, etwas Sicherheit zu haben?", wollte er wissen.

„Das kommt auf die jeweilige Lebenssituation an. Wenn ich einen starken Kinderwunsch verspüren würde oder gar schwanger wäre, dann hätte ich bestimmt ein größeres Bedürfnis nach Sicherheit. Oder jedes Mal, wenn mein Konto leer ist: Dann blicke ich immer mit Neid auf diejenigen, die ein geregeltes Einkommen haben. Oder wenn ich mir vorstelle, weit weg von der Heimat schwer krank zu sein, dann ist eine extra Krankenversicherung schon eine tolle Sache und gute ärztliche Versorgung ebenfalls. Es ist halt immer einfach, von Freiheit und der weiten Welt zu träumen, solange man keine Probleme hat und bequem auf dem Sofa sitzt. Wenn man mit vierzig Grad Fieber in einer fremden Stadt festhängt, ohne Geld und ohne Freunde, dann kann sich das Blatt schnell wenden und man verflucht die eigene Abenteuerlust."

Sie setzte sich aufrecht hin. „Es ist eine schöne Vorstellung, ein sicheres Zuhause zu haben und sich beschützt zu fühlen. Aber momentan ist es mir noch wichtiger, dass ich mich frei bewegen kann."

Herr Thomas schwieg. Er brauchte ohnehin nichts zu sagen – sein Blick zeigte, dass er sie verstand. Wenn ihr die ganze Welt offenstand, wieso sollte sie sich dann freiwillig einsperren lassen?

Während sich beide gedankenverloren ansahen, ertönte auf einmal wildes Vogelschrei von draußen. Fräulein Sarah blickte zum Balkon.

„Was ist denn da los?", fragte Herr Thomas.

„Da ist gerade die Nachbarskatze übers Geländer gelaufen."

Charlie und Clara schrien weiter wie verrückt.

„Ich gehe mal nachsehen", sagte Fräulein Sarah und erhob sich. Herr Thomas blieb noch einen Moment liegen, folgte ihr dann aber doch. Als sie auf den Balkon traten, hörte das Geschrei augenblicklich auf. Entsetzt starrten alle vier auf ein kleines Federknäuel.

„Ist das nicht der Wellensittich, der in letzter Zeit immer zu Besuch gekommen ist?"

„Ich glaube schon."

Herr Thomas beugte sich nach vorne. „Der sieht ziemlich tot aus."

Fräulein Sarah näherte sich und hob den kleinen grünen Kopf an. Eine riesige Wunde klaffte am Hals.

„Der Arme! Da ist tatsächlich nichts mehr zu machen", bestätigte sie. „Die Katze muss ihm aufgelauert haben." Sie warf Charlie und Clara einen mitleidigen Blick zu.

„Die Armen mussten mit ansehen, wie ihr Freund auf tragische Weise gestorben ist." Traurig blickte sie auf den reglosen Vogel.

„Manchmal ist das Leben wirklich brutal!" Behutsam nahm sie den toten Körper, legte ihn in eine Plastiktüte und verschwand im Wohnzimmer.

Herr Thomas blieb noch einen Moment stehen, bevor er ebenfalls das Schlachtfeld verließ. Von der Tür aus drehte er sich noch einmal zu den beiden Überlebenden um: „Heute könnt ihr echt froh sein, dass ihr im Käfig seid!"

Die freie Wahl

Charlie und Clara konnten nicht glauben, dass ihr Freund tot war. Sie standen unter Schock und bekamen die Bilder des tragischen Ereignisses nicht mehr aus dem Kopf.

Wie so oft hatte Eddie friedlich neben dem Käfig gesessen und von seinem Leben im Wald erzählt. Dann war plötzlich die Katze vom Boden aus auf den Tisch gesprungen und hatte ihm mit voller Wucht gegen den Hals geschlagen. Charlie und Clara hatten keine Chance gehabt, ihn rechtzeitig zu warnen. Ihr anschließendes Geschrei hatte die Katze zwar sofort verscheucht, doch da war es bereits zu spät gewesen: Eddie hatte aufgehört zu atmen – von einem Moment auf den nächsten hatte er sie für immer verlassen! Es war so schnell gegangen, dass sie noch nicht einmal Zeit gehabt hatten, sich zu verabschieden.

„Siehst du, draußen ist es viel zu gefährlich", stellte Clara mit trauriger Stimme fest.

Charlie schwieg. Was hätte er auch sagen sollen? Eddie hatte ihnen immer vorgeschwärmt, wie großartig und wunderbar es war, frei zu sein, und er hatte immer wieder betont, dass er nie den Wald für ein klein wenig Sicherheit eintauschen würde. Nun hatte er die Freiheit mit seinem Leben bezahlt.

„Wenn Eddie nicht ausgebrochen wäre, dann wäre er jetzt nicht tot. Vielleicht ist es also doch besser, im Käfig zu wohnen, meinst du nicht?" Sie versuchte, ihren Mitbewohner davon zu überzeugen, dass ein Fluchtversuch keine gute Idee war. „Hier drinnen kann uns wenigstens die Katze nichts antun. Oder willst du genauso sterben wie Eddie?"

„Nein, natürlich nicht. Aber ich will auch nicht so leben, wie wir es tun."

Dieses Mal war es Clara, die stumm blieb.

„Weißt du", fuhr Charlie fort, „Eddie kann jetzt zwar nicht mehr fliegen, aber ich glaube, er ist als glücklicher Vogel gestorben. Wir dagegen sind am Leben, aber wir können weder fliegen noch sind wir glücklich. Da stimmt doch etwas nicht, oder?"

„Also mir geht's hier ganz gut."

„Echt?"

Clara nickte.

„Bist du denn gar nicht neugierig, was es da draußen alles gibt? Wie es sich anfühlt, hoch am Himmel zu schweben und die Welt zu entdecken?"

„Doch, aber ich habe Angst, dass mir wieder etwas passieren könnte. Und außerdem finde ich das Leben im Käfig wirklich nicht schlecht."

Charlie schaute sie zweifelnd an. Er konnte nachvollziehen, dass sie Angst hatte – er selbst hatte schließlich auch Angst, sonst wäre er schon längst draußen gewesen. Was er aber nicht verstand, war, wie jemand in Gefangenschaft zufrieden sein konnte. Wie konnte man sich nur damit abfinden, die ganze Zeit eingesperrt zu sein? Verspürte nicht jeder den sehnsüchtigen Wunsch, frei zu sein?

„Vielleicht besucht uns irgendwann ein anderer Vogel", sagte sie. „Dann bekommen wir wieder alles erzählt und brauchen selbst nicht raus!"

Er schüttelte verständnislos den Kopf, dann wandte er sich von ihr ab. Offensichtlich hatten sie sehr unterschiedliche Vorstellungen, was man zum Glücklichsein brauchte.

Während der folgenden Tage dachte Charlie fast ununterbrochen an seinen verstorbenen Freund. Er erinnerte sich an all die aufregenden Geschichten und an Eddies leuchtende Augen, wenn er von der Freiheit erzählt hatte. Charlie musste an Eddies Flucht denken, wie er im Käfig gewesen war und dann eines Tages die offene Tür vor sich gesehen hatte. In diesem Moment hatte er frei zwischen Käfig und Himmel wählen können. Mit Sicherheit hatte Eddie damals gewusst, dass draußen in der ungeschützten Welt das Risiko viel größer war als drinnen hinter Gitterstäben. Und trotzdem hatte er den Schritt ins Unbekannte gewagt!

Schon zwei Mal hatte Charlie selbst vor der offenen Tür gestanden und beide Male hatten ihn seine Angst und Unentschlossenheit gehindert, loszufliegen. Sollte er eine weitere Chance bekommen, wollte er nicht noch einmal feige auf seiner Stange kleben bleiben. Zweifeln und zögern und vor Angst wie ein Eisklotz erstarren, davon hatte er genug! Eddie hatte recht gehabt: Charlie musste eine Entscheidung treffen!

Er dachte an den alten Vogel, dem im Käfig der Kopf abgerissen worden war. Überall lauerte Gefahr, das war eine Tatsache, an der er nichts ändern konnte. Eines Tages würde es auch ihn erwischen – entweder leise im Schlaf oder in einem blutigen Kampf, wer wusste das schon. Noch war es aber nicht soweit, noch lebte er. Und eine Sache wurde ihm dabei täglich klarer: Er wollte nicht sterben, ohne vorher wenigstens ein Mal hoch oben am Himmel geflogen zu sein.

Charlie schloss die Augen. Und dann entschied er für sich, dass er nicht länger gefangen sein wollte. Bei der nächsten Gelegenheit würde er seine Angst überwinden und den Schutz der Gitterstäbe aufgeben, das versprach er sich ganz fest. Er wollte heraus aus dem

Käfig und die Freiheit kennenlernen und dafür war er bereit, sein altes Leben sterben zu lassen.

Es war ein verregneter Nachmittag mitten im Sommer, als Fräulein Sarah die Weltkarte von der Wand nahm.

„Was machst du?", fragte Herr Thomas vom Sofa aus.

Sie gab ihm keine Antwort. Stattdessen breitete sie die Karte auf dem Boden aus, trat einen Schritt zurück und betrachtete die flachgedrückte Erdkugel.

„Kannst du die Welt nicht angucken, während sie an der Wand hängt?"

„Doch, aber was ich vorhabe, ist so einfacher." Fräulein Sarah holte einmal tief Luft. „Ich habe nachgedacht: Ich will nicht mehr warten! Wenn ich nicht bald fahre, dann bleibe ich womöglich noch hier und das wäre nicht gut für mich. Wie sieht es also aus: Kommst du mit?"

Herr Thomas sah sie ernst an, dann griff er in die Brusttasche seines Hemdes.

„Guck mal, was ich heute abgeholt habe."

Er zog seinen nagelneuen Reisepass hervor.

„Wow!", rief sie und fiel ihm sofort um den Hals. „Heißt das, du kommst mit?"

„Sieht wohl so aus."

„Das sind ja großartige Neuigkeiten!"

Sie drehte sich um und zusammen blickten sie auf die bunte Karte.

„Guck doch nur: Die Welt liegt uns zu Füßen!", freute sich Fräulein Sarah. „Was meinst du, wie lange du freibekommst?"

„Ich habe neulich mit meinem Vorgesetzten gesprochen. Bei

der Stadt sind wir zur Zeit überbesetzt, ich könnte also sechs Monate weg."

„Und das sagst du mir erst jetzt?"

Sie rannte voller Aufregung aus dem Zimmer und kehrte kurz darauf mit einer kleinen silbernen Münze zurück.

„Dann lass uns mal sehen, wo es hingeht."

„Du willst über das Reiseziel doch nicht etwa per Münzwurf entscheiden, oder?"

„Na klar, das ist doch der einfachste Weg. Das ganze Nachdenken führt ohnehin zu nichts."

Während Herr Thomas sie entgeistert ansah, schloss Fräulein Sarah die Augen und schüttelte die Münze in ihren Händen hin und her. Dann warf sie sie in einem hohen Bogen in Richtung Erde. Sie setzte mitten im Atlantischen Ozean auf und rollte anschließend weiter auf den Teppich.

„Der Weltraum, schön! Sollen wir da mit dem Flieger hin oder per Anhalter?", fragte Herr Thomas sarkastisch.

Sie warf ihm einen bösen Blick zu und hob die Münze auf. „Der zählt nicht!"

Augen zu, schütteln, und wieder flog der auserkorene Glücksbringer durch die Luft. Dieses Mal blieb er auf der Karte liegen.

„Australien!", schrie sie sofort.

„Australien", wiederholte Herr Thomas etwas weniger enthusiastisch. „Ein näheres Ziel konnte sich die Münze wohl nicht aussuchen. Und da willst du jetzt wirklich hin?"

„Hab' ich doch gesagt", grinste sie ihn an. „Mit dir!"

Wieder umarmte sie ihn. Dann warf sie einen Blick auf die Uhr.

„Ich muss los, sonst komme ich zu spät zur Arbeit. Wir sehen uns später, okay?"

Sie gab ihm einen liebevollen Kuss auf die Wange und nahm ihre Tasche. „Ich freue mich riesig, dass du mitkommst", sagte sie noch im Hinausgehen.

Die Wohnungstür fiel ins Schloss. Herr Thomas stieß einen langen Seufzer aus und blickte auf die Welt, die immer noch genau vor seinen Füßen lag.

„Australien ...", flüsterte er vor sich hin. Gerade wollte er sich bücken, um die Karte aufzuheben, als es klingelte.

„Wozu gebe ich ihr eigentlich einen Schlüssel?", brummte er vor sich hin. Er ließ die Karte liegen, stapfte zur Tür und öffnete. Zu seiner Überraschung war es allerdings nicht Fräulein Sarah, sondern Herr Palowski.

„Hätten Sie vielleicht eine Stunde Zeit? Es handelt sich um einen Notfall."

„Was ist denn passiert?", fragte Herr Thomas besorgt.

„Ein Freund von mir hat einen kleinen Bauernhof, zwanzig Minuten von hier. Eines seiner Pferde hat sich heute am Bein verletzt und der eigentliche Tierarzt ist verreist. Ich würde gerne helfen, aber mein Auto ist gerade in der Werkstatt."

„Kein Problem, ich kann Sie fahren. Kommen Sie kurz rein, ich bin sofort fertig."

Fünf Minuten später saßen sie zusammen im Auto und fuhren aus der Stadt hinaus aufs Land.

„Ich habe eben eine Weltkarte auf ihrem Fußboden gesehen. Planen Sie eine Reise?"

„Also ‚planen' würde ich das nicht nennen ... Meine Freundin hat vorhin mithilfe einer Münze entschieden, nach Australien zu fahren, und ich habe gesagt, dass ich sie begleite."

„Sie wirken aber nicht sehr begeistert. Wollen Sie nicht mit?"

Herr Thomas starrte auf die Fahrbahn und schwieg einige Momente. „Ich bin mir nicht sicher. So eine Reise ist bestimmt aufregend und ich würde auch gerne die Zeit mit meiner Freundin verbringen. Aber vielleicht ist es besser, wenn sie alleine fährt."

Herr Palowski sah ihn fragend an.

„Ich glaube, wir sind für eine solche Reise zu verschieden. Wissen Sie, ich bin nicht der geborene Abenteurer, der einfach loszieht, um die Welt zu erkunden und verrückte Sachen zu machen. Ich wäre das manchmal gerne, die Realität sieht aber anders aus."

„Und was sagt Ihre Freundin dazu?"

„Meistens wirft sie mir vor, dass ich nicht genügend Mut habe, aus meiner Routine auszubrechen."

„Und Sie, finden Sie das auch?"

Herr Thomas musste erneut nachdenken. „Mein Leben verläuft leider viel zu geradlinig, das stimmt. Oft scheinen die Tage gleich zu sein, etwas Aufregendes passiert nur sehr selten. Und ja, für eine spontane Reise ohne Rückflugticket fehlt mir vielleicht wirklich der Mut. Aber ich frage mich, warum ich ans andere Ende der Welt fahren soll, wenn mein Gefühl damit nicht einverstanden ist. Für meine Freundin bedeutet so eine große Reise Freiheit, für mich verursacht alleine der Gedanke daran Stress!"

„Der Stress ist aber genau das, was ein Abenteuer so aufregend macht. Wenn es kein Risiko und keine Ungewissheit gäbe, dann ginge der Reiz des Unbekannten völlig verloren. Dann wäre es in der Tat viel billiger, zu Hause zu bleiben und ein Buch zu lesen."

„Aber meinen Sie, dass so eine große Reise die einzige Möglichkeit ist, wahre Freiheit zu erfahren?"

„Natürlich nicht!", erwiderte Herr Palowski sofort. „Zuerst einmal kommt es doch darauf an, was Freiheit für jeden Einzelnen bedeutet. Wenn Sie zehn Leute fragen würden, dann würden Sie höchst wahrscheinlich zehn verschiedene Antworten bekommen. Der eine muss alleine um die Welt reisen, um sich zu beweisen, dass er immer tun kann, was er will; jemand anderes braucht stets Freunde und hohe Wände um sich herum, damit er sich beschützt fühlt und frei von Angst ist. Freiheit kann bedeuten, frei zu sein von Krankheit oder schlechten Erinnerungen; frei von Verpflichtungen, von Ärger, Hass oder Trauer. Der eine denkt, er müsste genügend Geld haben, ein anderer wiederum wird sich erst frei fühlen, wenn er sich von allen materiellen Dingen getrennt hat. Es gibt unendlich viele Perspektiven! Ein kleines Mädchen träumt von einer anderen Freiheit als eine werdende Mutter. Oder nehmen sie einen jungen Schüler wie meinen Enkel und einen alten Rentner wie mich: Der eine fühlt sich gefangen, weil er lernen muss, der andere fühlt sich frei, weil er lernen darf!"

Herr Thomas nickte zustimmend.

„Anschließend stellt sich die Frage, wie viel Sicherheit man haben möchte. Natürlich ist Sicherheit immer nur eine Illusion, sie existiert gar nicht. Doch selbst für die Illusion muss man etwas von seiner Freiheit opfern."

„Sicherheit und Freiheit scheinen nicht sehr kompatibel zu sein", stellte Herr Thomas fest.

„Nein, nicht wirklich. Und doch wollen wir beides haben. Wir wollen Sicherheit und Freiheit, Stabilität und Veränderung – und am besten alles gleichzeitig! Aber wie soll das gehen? Entweder man lässt los oder man hält fest. Wie wollen Sie frei segeln, wenn Sie sich am sicheren Steg festklammern?"

Eine Weile fuhren sie schweigend über die Landstraße, vorbei an einigen kleinen Dörfern und riesigen Getreidefeldern.

„Ich bin der Meinung, dass jeder Mensch ab und an ein Abenteuer in seinem Leben braucht", fuhr Herr Palowski schließlich fort. „Und vor allem sollte jeder dafür sorgen, seine Träume zu verwirklichen. Wenn Sie also heute etwas tun können, wovon Sie träumen, dann tun Sie es! Viele Leute vergessen leider, dass sie nur begrenzt Lebenszeit zur Verfügung haben. Sie denken, sie könnten ewig warten, bevor sie anfangen, ihre Träume zu verwirklichen. Doch eines Tages wird es zu spät sein. Eines Tages wird jeder freie Mensch merken, dass er viel zu viel Zeit freiwillig in Gefangenschaft verbracht hat. Freiheit kann man nämlich nicht ansparen – entweder sie ist da oder nicht. Und wenn sie da ist, dann kann sie nur im jetzigen Moment ausgelebt werden!"

Herr Thomas lauschte den Worten des alten Mannes, ohne den Blick von der Straße zu nehmen.

„Aber Sie müssen selber herausfinden, welche Art von Abenteuer für Sie richtig ist – es muss nicht zwangsweise ein Trip ans andere Ende der Welt sein. Wahre Freiheit spielt sich ohnehin nicht in der Außenwelt ab, sondern im Kopf!"

Herr Palowski zeigte auf ein kleines Schild und signalisierte Herrn Thomas, dort abzubiegen. Dann sprach er weiter: „Selbstverständlich kann es eine wunderbare Erfahrung sein, andere Kulturen und Orte kennenzulernen, daran besteht kein Zweifel. Aber ob Sie verreisen oder nicht: Es kommt nicht darauf an, wo sich ihr Kopf befindet, sondern was er macht!"

„Ich glaube, genau das ist mein Problem", antwortete Herr Thomas. „In meinem Kopf passiert nichts Neues. Als wäre er eingeschlafen!"

„Dann ändern Sie etwas! Wenn Sie nicht verreisen wollen, dann eben nicht. Es gibt noch tausend andere Möglichkeiten, neue Seiten des Lebens zu entdecken. Wenn Sie aufmerksam sind, werden Sie sehen, dass Sie jeden Tag die Chance haben, etwas zu tun, was Sie noch nie zuvor gemacht haben. Sie müssen nur die alten Gewohnheiten loslassen und Ihren Geist für das Neue öffnen. Es liegt direkt vor Ihnen!"

Sie erreichten den Bauernhof, stellten den Wagen auf dem Parkplatz ab und wurden sogleich von dem Bauern begrüßt.

„Ich denke, es wird nicht lange dauern", sagte dieser zu Herrn Thomas. „Sehen Sie sich doch in der Zwischenzeit ruhig hier etwas um."

Dann verschwand er zusammen mit Herrn Palowski im Stall, um nach dem Pferd zu sehen. Herr Thomas ging um das alte Fachwerkhaus herum und fand auf der anderen Seite einen Gemüsegarten. Eine Weile betrachtete er die verschiedenen Beete und bestaunte die Vielfalt. Als er genug gesehen hatte, schlenderte er zurück zum Hof. Dabei kam er an einem großen Käfig vorbei. Neugierig blieb er stehen und sah zwei Falken, die friedlich auf einer Holzstange saßen. Während er die beiden ausgewachsenen Greifvögel beobachtete, erschien ein junger Mann mit einem Eimer und einem riesigen Handschuh.

„Ich muss kurz stören, die beiden müssen sich etwas bewegen."

Herr Thomas trat einige Schritte zurück und sah dem jungen Mann zu, wie er den Handschuh überzog und dann den Käfig öffnete. Mit gekonntem Griff packte er den ersten Falken an den Füßen, trat ein paar Meter vom Käfig weg und ließ ihn dann los. Sofort flog der Vogel davon und setzte sich in einiger Entfernung hoch oben in eine Baumkrone. Anschließend passierte das Gleiche mit dem zweiten Vogel. Beide Falken waren plötzlich frei – es gab keine Fesseln und keine Grenzen; sie konnten fliegen, wohin sie wollten.

„Meinst du, die kommen noch einmal zurück", fragte Herr Thomas.

„Natürlich, die wollen doch Essen."

Der junge Mann nahm ein Stück Taubenfleisch aus dem Eimer, hielt es hoch und pfiff einmal laut. Kurz darauf segelte der erste Falke von der Baumkrone in Richtung Erde und landete auf dem Handschuh. Er krallte sich das Fleisch und flog wieder davon. Der junge Mann griff erneut in den Eimer und beim nächsten Pfiff kam auch der zweite Falke angeflogen. Fasziniert schaute Herr Thomas zu, wie sich dieses Spiel noch einige Male wiederholte.

Als die Vögel wieder im Käfig waren, schlenderte er weiter zum Hof. Gerade traten Herr Palowski und der Bauer aus dem Stall. Sie verabschiedeten sich und machten sich auf den Heimweg.

„Waren Sie auch schon mal dabei, wenn die Falken fliegen gelassen werden?"

„Ja, ganz oft sogar. Als ich die beiden prächtigen Tiere das erste Mal gesehen hatte, eingesperrt hinter Gitterstäben, da war ich völlig schockiert und sie haben mir unheimlich leidgetan. Aber dann ist mir klar geworden, dass sie frei entscheiden können."

Herr Palowski blickte durch das Fenster auf die vorbeiziehenden Felder.

„Die Falken wissen ganz genau, dass es nach dem Essen wieder in den Käfig geht, trotzdem kehren sie zurück. Ich finde das bemerkenswert: Ein wildes Tier begibt sich freiwillig in Gefangenschaft – nur für ein Dach über dem Kopf und etwas zu fressen!"

„Passiert es denn nicht manchmal, dass ein Vogel wegfliegt?", wollte Herr Thomas wissen.

„Nein, normalerweise nicht. Mein Bekannter hat mir mal erzählt, dass er über die Jahre viele verschiedene Falken gehabt hat, aber nur ein einziges Mal ist ein Vogel nicht zurückgekommen. Da musste ich an uns Menschen denken: Die meisten von uns bleiben doch auch lieber im sicheren Käfig. Wir kaufen ein Haus, eine schicke Küche und ein teures Auto, wir gehen lange Arbeitsverträge ein, heiraten und passen uns an das sogenannte normale Leben an. Nur einige Wenige nutzen die Freiheit, die sie haben, und fliegen um die Welt."

„Aber ist es denn schlecht, ein Haus zu kaufen und zu heiraten?"

„Nein, überhaupt nicht. Aber wir müssen uns bewusst sein, dass es unsere freie Entscheidung ist. Niemand zwingt uns, so zu leben, wie wir leben. Folglich tragen wir auch die Verantwortung für unsere Entscheidungen. Die Käfigtür ist offen und wir können jederzeit selbst bestimmen, wo wir sein wollen!"

Herr Palowski musterte Herrn Thomas von der Seite, dann schaute er wieder nach vorne auf die Straße. „Für mich stellt die freie Wahl die Grenze dar, wo Gefangenschaft aufhört und Freiheit anfängt. Denn solange ich selbst entscheiden kann, bin ich frei. Genau wie die beiden Falken: Wenn sie oben im Baum sitzen, können sie zwischen Himmel und Käfig wählen; sie leben hinter Gittern, weil sie sich dafür entschieden haben, und jeden Tag treffen sie aufs Neue die gleiche Wahl. Das heißt: Auch ohne wegzufliegen, sind sie frei."

Die weiten Felder wichen allmählich den Häusern der Stadt und die Sonne neigte sich dem Horizont entgegen. Die beiden unterhielten sich während der restlichen Fahrt weiter, bis sie wieder vor der Wohnungstür von Herrn Thomas standen. Herr Palowski bedankte sich für die Hilfe und verabschiedete sich. Doch dann drehte er sich noch mal um:

„Ganz gleich, ob Mensch oder Tier: Ich glaube, jedes Lebewesen hat ein Recht darauf, frei wählen zu dürfen. Leben und leben lassen – das ist Freiheit für mich!"

Loslassen

Noch am gleichen Abend traf Herr Thomas eine Entscheidung: Er würde Fräulein Sarah nicht nach Australien begleiten. Tief im Inneren hatte er sich schon lange dazu entschieden, doch manchmal dauert es eine gewisse Zeit, bevor der Kopf bereit ist, eine Entscheidung des Herzens zu akzeptieren und laut auszusprechen.

Er hatte genügend Geld auf dem Konto. Er würde einige Monate Urlaub bekommen und mittlerweile besaß er sogar einen Reisepass. Aber er fühlte sich einfach nicht wohl bei dem Gedanken, eine Reise zu unternehmen, von der er nicht richtig überzeugt war – mit einer Person, die ihr Schicksal einer Münze überlassen hatte! Sein Leben schrie zwar nach Veränderung, doch er musste nicht fluchtartig ans andere Ende der Welt aufbrechen, um etwas zu tun, was er noch nie gemacht hatte.

Jede freie Wahl zieht allerdings auch gewisse Konsequenzen nach sich. Im Fall von Herrn Thomas bedeutete die Entscheidung gegen die Reise auch eine Entscheidung gegen die Beziehung mit Fräulein Sarah. Es brach ihm fast das Herz, aber wenn er so sein wollte, wie er war, und wenn er Fräulein Sarah so sein lassen wollte, wie sie war, dann blieb ihm nichts anderes übrig, als zu Hause zu bleiben. Sie liebten sich, aber sie waren zu verschieden, um gemeinsam durchs Leben zu ziehen.

Als er Fräulein Sarah sagte, dass er nicht mitkommen würde, war sie außer sich und wollte ihn nie wieder sehen. Sie war bitter enttäuscht und konnte nicht verstehen, wie er eine solche Möglichkeit vorüberziehen lassen konnte. Nach einigen Tagen beruhigte sie sich jedoch wieder und sah ein, dass sie unterschiedliche Bedürfnisse hatten und dass jeder selbst herausfinden muss, was er braucht, um glücklich zu sein.

Eine Woche später verbrachten sie ihre letzte Nacht zusammen. Am darauffolgenden Morgen klingelte der Wecker zeitgleich mit dem Sonnenaufgang – es war der erste Montag im August, Herr Thomas musste zur Arbeit und Fräulein Sarah zum Flughafen. Um kurz nach sieben standen sie voreinander im Flur, um sich zu verabschieden.

„Das war's dann also", sagte Fräulein Sarah mit trauriger Stimme.

„Ja, ich fürchte, hier trennen sich unsere Wege. Melde dich doch einfach, wenn du wieder da bist. Du weißt ja, wo du mich findest."

Sie nickte. „Das ist übrigens das Schöne daran, dass du nie etwas änderst – ich weiß immer, wo du bist und was du machst!"

„Wer sagt denn, dass ich nie etwas ändere?"

„Tust du doch nicht, oder?"

„Ach so", erinnerte sich Herr Thomas plötzlich, „das hatte ich dir gar nicht erzählt: Ich habe mich letzte Woche für einen Segelkurs angemeldet, auf einem See hier ganz in der Nähe. Ich habe mir gedacht, ein Boot passt recht gut zu mir: Da kann ich mich frei bewegen und habe gleichzeitig mein Haus dabei."

„Wow!", staunte sie. „Das freut mich für dich!"

„Ich find's auch gut. Ist zwar keine Weltreise, aber mit kleinen Schritten komme ich genauso voran. Und meinen Fernseher habe ich übrigens auch verkauft, der wird Morgen abgeholt."

Es klingelte an der Tür.

„Das wird dein Taxi sein."

Sie schauten sich schweigend an. Herr Thomas sah eine kleine Träne über die Wange der jungen Abenteurerin laufen und wischte sie behutsam weg. Anschließend folgten eine lange Umarmung und ein letzter Kuss.

„Egal, wie viele Abschiede man schon erlebt hat, sie werden irgendwie nicht einfacher." Mit diesen Worten drehte sich Fräulein Sarah um und machte sich auf die Reise.

Herr Thomas blieb noch einen Moment alleine im Hausflur stehen. Mit Sicherheit würde er sie vermissen, doch er bereute seine Entscheidung nicht. Er wusste, dass ihm weder eine Frau noch die große weite Welt zum Glücklichsein fehlte. Es war die Bereitschaft, etwas Neues auszuprobieren – ganz gleich, wo er war – und die festgefahrene Routine zu durchbrechen und dem Leben täglich eine Chance zu geben, ihn zu überraschen.

Er machte sich für die Arbeit fertig. Bevor er aufbrach, musste er aber noch eine Sache erledigen. Etwas, das er sich seit dem letzten Gespräch mit Herrn Palowski fest vorgenommen hatte.

Als die ersten Sonnenstrahlen auf den Balkon fielen, hatten Charlie und Clara gerade zu Ende gefrühstückt. Nun hockten sie entspannt auf ihren Stangen und genossen die warme Sommerluft, die sanft ihre Federn streichelte.

Während Clara vor sich hin döste, sah Charlie einer kleinen Wolke zu, die einsam am Himmel entlang schwebte. Er stellte sich vor, auf der Wolke zu sitzen und zu beobachten, wie unter ihm die Welt vorbeizog. Er war so in Gedanken vertieft, dass er Herrn Thomas erst bemerkte, als dieser direkt vor dem Käfig stand. Charlie zuckte zusammen! Instinktiv machte er einen Satz zurück und hätte um ein Haar das Gleichgewicht verloren. Rasend schnell kam die Hand des Menschen auf ihn zu. Dann verharrte sie plötzlich und die Tür wurde geöffnet. Ihm stockte der Atem – da war sie: die nächste Möglichkeit zur Flucht! Ohne weiter nachzudenken, tippelte er einige Schritte in Richtung Ausgang und wollte gerade losspringen, da erschien direkt vor ihm der große Menschenkopf und verdeckte die Öffnung des Käfigs.

„Jetzt könnt ihr auch frei wählen, wo ihr sein wollt."

Für einen Moment war es totenstill und niemand bewegte sich. Die beiden Vögel guckten gebannt auf das runde Gesicht, das an diesem Tag viel freundlicher aussah als sonst. Dann entfernte es sich und kurz darauf war Herr Thomas verschwunden.

Charlie und Clara hatten keine Ahnung, was er gesagt hatte. Aber seine Worte waren ohnehin unwichtig: Die Tür stand offen – das war alles, was es zu verstehen gab.

„Du meine Güte, mach sie wieder zu, schnell!"

„Wie bitte?"

„Die Tür! Mach sie zu!", schrie Clara.

„Kann ich nicht. Und überhaupt: Spinnst du? Wieso sollte ich sie wieder zumachen wollen?"

„Was ist, wenn die Katze auftaucht? Die kann doch jetzt einfach reinkommen und uns auffressen!"

Charlie schaute sich vorsichtig um.

„Ich kann sie nirgendwo sehen."

„Und wenn sie sich wieder versteckt hat?"

Er schwieg.

Manchmal war es erstaunlich, wie unterschiedlich dieselbe Situation wahrgenommen werden kann: Für Charlie war die Käfigtür wie eine Wand, die ihn von der Welt trennte; für Clara war sie ein Schutz – vor der Welt!

„Ich werde mir mal einen besseren Blick verschaffen."

Sein Herz begann, wild zu pochen – dieses Mal gab es kein Zurück!

Langsam bewegte er sich zum Ausgang. Dann nahm er den ganzen Mut, den er über die letzten Monate angesammelt hatte, und stieg nach draußen.

„Du bist doch verrückt!", schrie Clara entsetzt.

Charlie kletterte von außen am Käfig nach oben und erreichte schließlich den höchsten Punkt. Wieder schaute er sich um.

„Ich sehe immer noch keine Katze."

Er blickte zum Himmel und dann wurde ihm plötzlich bewusst, dass er keine Gitterstäbe vor den Augen hatte. Das erste Mal in seinem Leben war er nicht gefangen!

„Komm wieder rein!", bettelte Clara leise.

„Nein."

Er guckte nach unten und sah sie ängstlich auf ihrer Stange kleben.

„Ich will nicht mehr im Käfig leben. Ich will endlich selber den Wald und den Himmel und die Wolken kennenlernen. Ich will frei sein!"

„Aber du kannst mich hier doch nicht alleine lassen!"

„Dann komm mit! Die Tür steht offen!"

„Ich soll mitkommen?", fragte sie erschrocken.

„Na los! Vor deinem Unfall hättest du dich doch auch getraut."

„Ja, aber jetzt habe ich Angst."

„Denkst du, ich habe keine Angst? Ich kann vor lauter Zittern kaum gerade sitzen! Und trotzdem: Bist du nicht auch neugierig, wie sich die Freiheit anfühlt?"

Er versuchte, sie zu überreden, doch seine Mühe war vergeblich.

„Ich kann da nicht raus!"

Ein Windstoß fuhr über den Balkon und ließ die Tür quiet-schen. Charlie blickte erneut zum Himmel, dann wieder unter sich in den Käfig. Clara tat ihm leid, doch er konnte sie natürlich nicht zwingen, mitzukommen. Und wäre er bereit, wegen ihr in Gefangenschaft zu bleiben? Nein, das würde seine Lebenslust mit Sicherheit endgültig ruinieren. Jetzt einen Rückzieher – das würde er sich nie verzeihen und ihr auch nicht. Er war so nah dran, er musste jetzt einfach den letzten Schritt machen.

Bestimmt würde Clara bald einen neuen Mitbewohner bekom-men und irgendwann würde sich auch wieder eine Chance zur Flucht bieten. Sie musste bis dahin nur ihren Mut wiederfinden. Den Mut, im Jetzt zu leben!

Charlie sah sie ein letztes Mal an, dann verabschiedete er sich von ihr.

„Mach's gut. Ich komme dich mal besuchen."

Er holte tief Atem, schloss die Augen und ließ nach und nach alle Gedanken los. Vergangenheit und Zukunft begannen, sich aufzulösen, und mit ihnen verschwanden alle Sorgen und Ängste. Es existierte nur noch der Moment.

Charlie war bereit, sein altes Leben zu verlassen und einen neuen Anfang zu wagen. Er wusste nicht, wie lange er draußen in der Wildnis überleben würde, doch selbst wenn es nur für einen Tag wäre – die Zeit war gekommen, endlich seinen großen Traum zu erfüllen, einmal frei am Himmel zu fliegen.

Während der nächste Windstoß die Käfigtür erneut quietschen ließ, breitete er seine Flügel aus und öffnete die Augen. Dann sprang er los und segelte mit einem lauten Freudenschrei in Rich-tung Horizont. Er hatte sie gefunden: die Freiheit!

Illustrierte Geschenkausgabe des Bestsellers

Es war einmal ein kleiner Buddha. Täglich sitzt er unter seinem Bodhi-Baum und meditiert. Doch etwas fehlt in seinem Leben. Also begibt er sich auf eine Reise und trifft dort Menschen, von denen jeder für sich eine Antwort darauf gefunden hat, was im Leben wirklich zählt.

ISBN 978-3-451-30934-2

In jeder Buchhandlung und unter www.herder.de

HERDER
Lesen ist Leben

Liebe – das schönste Gefühl der Welt

Über das Glück hat der kleine Buddha auf seiner ersten
Reise allerhand gelernt. Doch auf die Frage, wie ein
Mann eine Frau finden könnte, weiß der kleine Buddha
keine Antwort. Und so begibt er sich wieder auf die
Reise. Ob er selbst am Ende das Glück der Liebe findet?

ISBN 978-3-451-31234-2

In jeder Buchhandlung und unter www.herder.de

HERDER
Lesen ist Leben

Der kleine Buddha – jetzt im Hörbuch!

CLAUS MIKOSCH

Der kleine Buddha
und die Sache mit der Liebe

gelesen von Heidrun Warmuth

HERDER

Ein Mann, der auf der Suche nach der großen Liebe
war, bat den kleinen Buddha um Hilfe. Der kleine
Buddha war ratlos, denn in Liebesdingen kannte er sich
nicht aus. Für sich und für seinen traurigen Besucher
wollte er entdecken, was Liebe bedeutet.

ISBN 978-3-451-35114-3

In jeder Buchhandlung und unter www.herder.de

HERDER
Lesen ist Leben

Der kleine Buddha

Nach dem Riesenerfolg des sympathischen kleinen
Buddha nun seine schönsten Weisheiten als illustrierter
Tischaufsteller – das Postkartenbuch zum Bestseller.
Zum Verschenken und Verschicken.

ISBN 978-3-451-31254-0

In jeder Buchhandlung und unter www.herder.de

HERDER
Lesen ist Leben